ほんまつ

松岡茉優

本松

私のオーディション

今年で芸歴が二十年になる。どこからを芸歴と呼んでいるのかは案外人それぞれなのではと思うけれど、私は事務所に所属した年ということでカウントしています。二十年という大仰で、大半はオーディションの日々でした。受けども受けども落ちる。落ちた数は五百は超えているはず。もっとかな。振り返ると、落ち続けたというのは確実に私というものを形成しており、自身について深掘りしてもらうインタビューなどでも外すことのできない話題だったけれど、人に話すとどうしても苦労話になったり、卑下したようなエピソードになってしまうのが不思議。苦い思い出と思わなくなった今、自分の言葉で伝えられる場所をいただいたので、みなさんに子役のオーディションというのがどういうものだったかをお話しさせてください。今はいろいろと違うと思うのだけど。

スマートフォンはもちろんなかったゼロ年代初頭。携帯電話の画像送信とか、U

RLの共有などもあまり便利ではなくて、FAXがその全てだった。家の電話が鳴りFAXマークが点《つ》くと私は電話機にかじりつく。ぶぶぶぶ、と上がっていく用紙。FAX用紙には、こういうオーディションがあります、あなたはこの役です、こういう人を探しています、何月何日、会場はここです、などの概要が記されていた。会場はここですとはいっても詳細な地図が付いていることは多くなくて、住所をもとにパソコンで調べて地図をプリントアウトする、というのを母がやってくれていた。中学生になるまではほとんどの場合、保護者の付き添いが求められたので、オーディション会場付近では、自宅でプリントアウトしてきたであろう地図を見ながら心配そうに歩く保護者と、その後ろには、勝負服を身に纏《まと》い自信にあふれ歩く子供、面倒くさそうに気怠《けだる》く歩く子供、偉そうに腕を組み、まだ着かないのかと母をにらむ子供などが付いていく姿が散見された。偉そうな子供は私である。そりゃ落ちるわな。

会場に着くと、受付担当の方に所属と名前を伝えて、オーディション用紙をもらう。その紙にあらためて自分の所属と名前をお借りした太いマジックペンで書くのだが、これがなぜ手書きだったのか、今でもわからない。単純に人数が多いからなのか、人件費の削減や打ち間違い対策なのか、はたまた書くところからオーディションが始まっていたのか。確かに書き方にも個性はあって、とにかく大きく太く書く子もいたし、間違えないように持参したシャープペンシルで下書きをする子もいた。あれは各事務所で指導があるのだろうか？　当時からおおらかだった私の事務所ではそういう指導はなく、事務所名も長くはないので私は不便しなかったが、字画が多かったり、文字数の多い会社に属している子供は大変そうだった。枠からはみ出してしまって半泣きの子もいたなぁ。そのくらい各自本気なのだ。

用紙を書いたら、しばらく待つ。五分のときもあれば、一時間のときもある。待っている間もオーディションだと疑わなかった私は、澄ました顔でその時を待っていた。「ママ、今その話はやめて」なんて言ったりして。子供によってはお腹が空いてしまったり、眠くなってしまったり。「まだー？」なんて親に聞いてしまったりする子もいるので、そんな子を見ては、あらあら、と心のなかでほくそ笑むいやな子供であった。

「名前を呼ばれた方は順番に並んでください」というスタッフのアナウンスがあれば本戦開始の合図。監督やプロデューサーの待つ会場に大体五人ずつくらいで呼ばれ、いよいよオーディションスタートというわけだ。

部屋に入ると椅子が置いてあって、先ほど呼ばれた順番に腰掛ける。その前に「失礼します」と言うのを忘れない。全員が忘れずに言うので、失礼しますの合唱が起こる。

「ヒラタオフィスから来ました、松岡茉優です。八歳です。特技はピアノとバレエです。好きなことは、走ることで、最近リレーの選手に選ばれました。よろしくお願いします」

ピアノとバレエは習っていたというだけで、特技といえるものではなかった。それでもあの場では、他の子とは違う何かを自分は持っているのだと、きらりと光る存在なのだと、個性を、つくらなくてはならないと思い込んでいた。

自己紹介のあとは、事前に渡されている台本があればそれを交代で演じたり、指定されたシチュエーションを即興で演じてみたりする。ペアを替えたり、役をチェンジして、もっと大きな声でやってみて、などの指示を受けながら、練習してきた全てを出しきる。でも、やりながら、なんとなくわかるのだ。ああ、今日も大人が私を見ていない。

みなさんが名前を知るまでにはなっていなくても、オーディションで強い子というのはいて、早いときは自己紹介くらいから、その子に視線が集まっていく。大人たちがプロフィールシートに目を落として、その子の用紙に丸を付ける。お芝居のパートが始まれば、もう顔を見合わせてうなずき合ったりして。またあの子だ。この前のオーディションでもそうだった。かわいいもんな。細いもんな。また、わたしじゃない。それでもこれで終わりじゃないから、笑顔は絶対崩さない。「ありがとうございました！」とドアの前で立ち止まってお辞儀をする。次は、次こそは、選んでくださいね、と心の中でお願いしながら。

会議室を出て、母の元に戻り、泣いてしまうほど子供じゃない。「うーん、どうかな、笑いはとったけど」なんてごまかして苦笑い。母は「そっか！　何人笑わせられた？」とズレたコメントに乗っかってくれた。おっとりとした母に、どれだけ助けられていたのかは、大人になってからわかったことだ。

オーディションが終われば家に帰る。また、何者でもない子供のまま、家に帰る。オーディションの結果は、大体は後日連絡という形だった。でもそれは、受かった子に限っての話。五日待って、一週間待って、十日を過ぎたあたりから、あれはダメだったのだろうな、とようやく受け入れ始めるのだ。場合によってはオーディションが終わったその場で誰かに決まることもあって、そんなときも笑顔は崩さない。おめでとう！なんて拍手までする。その子に自分を当てはめて、自分が選ばれたという妄想をしながら、手を叩いた。

事務所に所属してから二年の間、私が役に選ばれることはなかった。強くお伝えしたいのは、その間も衣食住は保証された子供時代であり、自立してオーディションに通うのとは違う。ましてやそれだけ多くのオーディションを受けられたのは事務所に所属していたからだ。黙っていてもオーディションの知らせが届いた。それはとても、有難いこと。

でも、早退したり、欠席はするのに、メディアには何にも出ていない子供でいるのは所在なく、学校で仕事の話をされると困るのでいつも緊張していた。聞かれても、仕事は何も決まっていないから、話せることがない。私のなかで何かが燃え続け、何者かにならなくてはいけないという焦りが、大きくなっていった。

状況が少しずつ変わっていったのは、高校生のころ。そのくらいの年齢になると、メインキャストの幼少期を演じたり、その子供の役を演じることよりも、作品の実世界に存在する役としてのオーディションが増えてきた。誰かに似ていることや、目を引く華やかさに加えて、その役として存在できるか、というのが選考基準に大きく乗り出してきたのだ。

相変わらず落ち続けていた私だったけれど、ある日、大好きな原作本の実写映画化オーディションが舞い込んだ。それも、大好きな監督の作品。私は張り切って着ていく服装を選んだ。役のイメージの服を着ようかな、かわいらしい印象だから、買ったばかりのワンピースはどうだろう。タンスから服を引っ張り出して、あれじゃないこれじゃないとしていたはずなのだけれど、実際に着ていったのは装飾のない、洗いざらしのTシャツワンピースに、クタクタのデニムであった。どうしてだったのか、思い出せない。なんとなく、だったと思う。

会場にはすでに名前の知られた子や、ファッション誌の専属モデルをしている子、オーディションで何度会ったかわからない戦友もいた。これは、難しいかもな。どうしてこんな格好で来たのだろう。みんなスタイルも良くてきれいだし、何より、私のことなんて誰も知らない。私の心はもう折れて、ため息をついていた。でも間違いなく、今日、大好きな監督にお会いできる。大好きな作品を作ってきたプロデューサーさんたちもいる。どうか、せめて今日の出会いが、思い出してもらえるものになりますように。私のことを、覚えていてもらえますように。今までオーディションを受けてきたなかでも、かなり穏やかな気持ちだった。役を得ることは勝ち負けではないけれど、ある意味、負ける覚悟ができていたからかもしれない。祈るような気持ちで会議室に入った。

手応えとか、大人たちの注目が集まる、というようなことはなかったのだけれど、数日後、私の元に合格の通知が届いた。信じられない思いを堪《こら》えきれず、泣いたし、母にもすぐに報告した。動転しながら、あれ、と立ち止まる。

「繕《つくろ》っても意味ないんだ！」

今までといえば、こんなふうに見られたいとか、役と合っていると思われたいとか、私ではない、何者かになろうとしていた。物語の主人公のように。でもそれでは、役に当てはめてもらえたはずがないのだ。私がどういう人なのか、何を、どう感じる人なのか、見てもらえたはずがないのだ。

今の私が自己紹介するとしたら。

「ヒラタフィルム所属の松岡茉優です。初恋の人に似ていると言われたことが一度ではありません。それって、わりと普通だということだと思うのです。もっと華やかな顔だったらとか、もっとスタイルが良かったらとか、芸能界の素敵な人たちと比べて人並みに落ち込んできたけれど、私の持ち味は、幅の広い役を演じられることだと今は思っています。誰よりも役を愛して、誰よりも役の理解者であることを信条にしています。私はこの仕事をしていて、誰かの明日が少しでも生きやすいものになったら、と期待しています。私自身がそうでした。毎週のドラマを楽しみにしたり、映画の公開日を待ち望んだり。先々に、楽しみを持ってもらうこと。それがこの仕事でできることだと信じています。もしご一緒できたら、この作品が、誰かにとっての明日が生きやすくなるものになるよう、励みます。よろしくお願いします」

Mayu Matsuoka
by Taiga Nakano

目次

3F 理髪
3F ABCNail 吉祥寺店
レイクALSA 2F
新生銀行グループ 新生フィナンシャル
3F 井の頭画廊
702 すこやか館 ☎0422-79-1588
東洋整体リラクゼー
Green Green
焼肉と手作
サムギョプサル
食べ放題
1690円
Thai Rung Spa & Massage
タイルン スパ&マッサージ
502号
TEL 0422-29-8484 営業時間：12:00～25:00
ほさか
ビューティスタイル
TEL 0422-45-0006
NERO NER

2F 新時代
2Fへ
名物串
平日限定！
串カツ田中
OPEN～
CLOSEまで
お酒飲めます
串カツ田中 吉祥寺店
営業時間
日～木曜
12:00～24:00
金曜・土曜
12:00～26:00
白木屋
3階
ります
OK

menu

ま
ままま
ゆ
ゆゆゆ

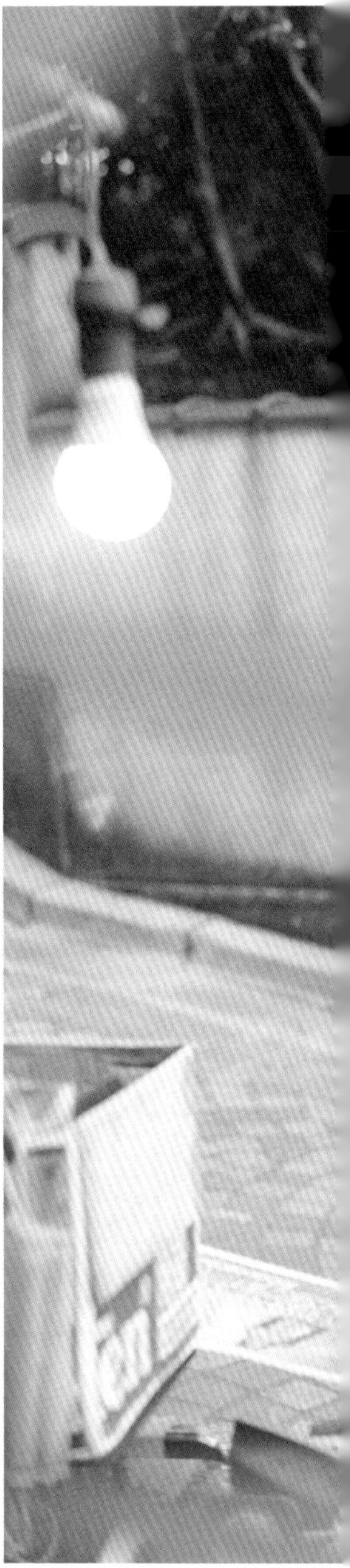

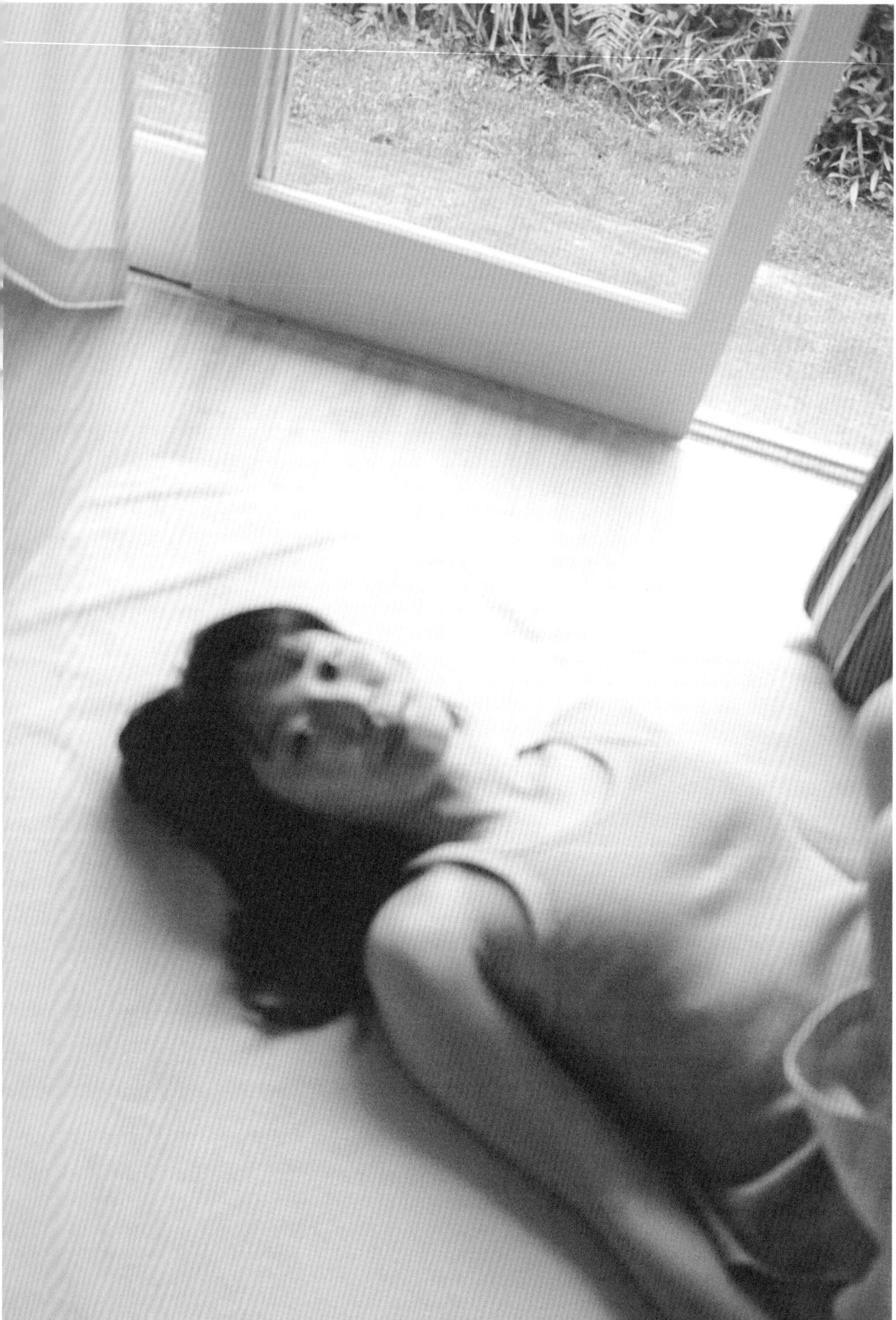

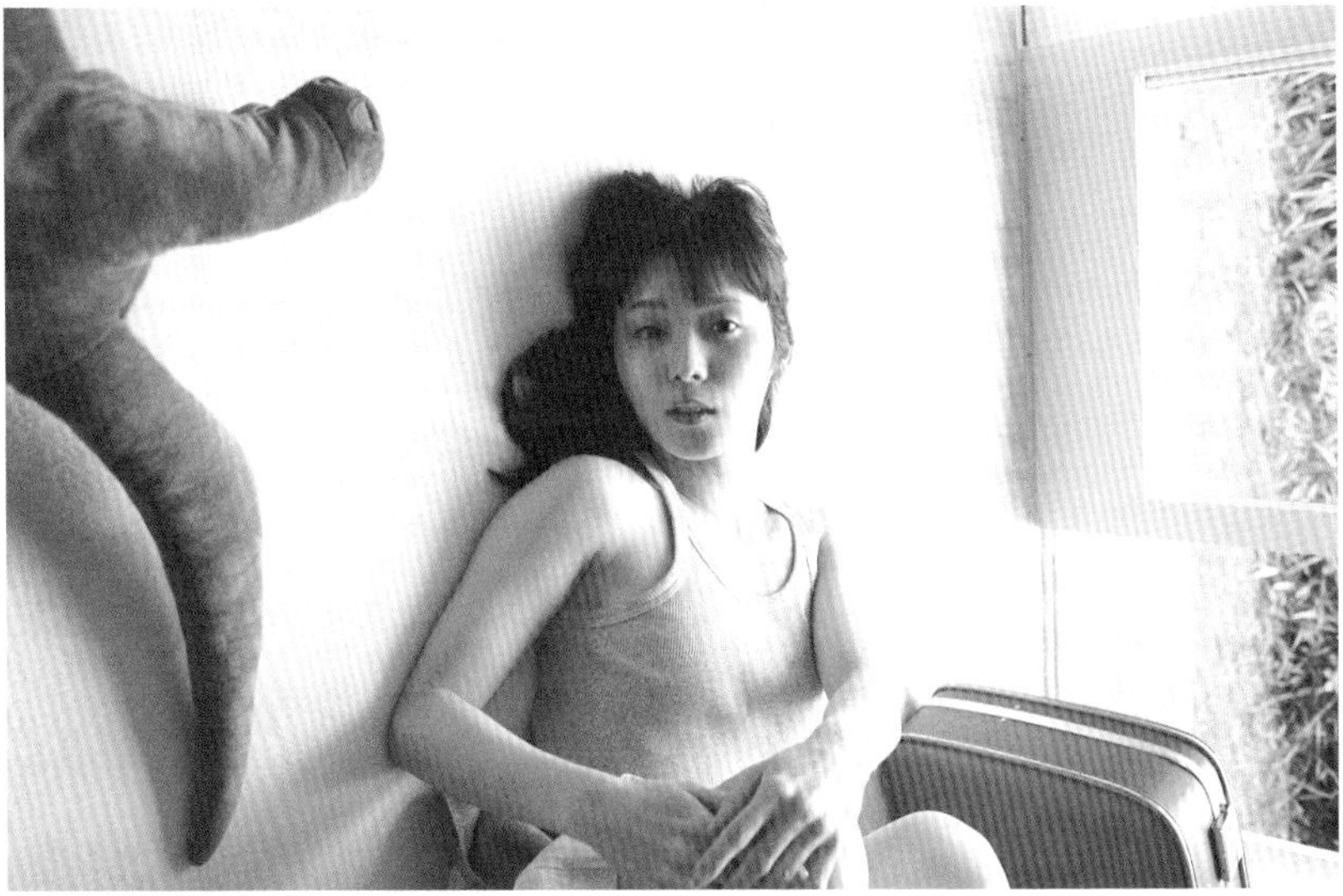

Photos by 仲野太賀（なかの・たいが）

1993年生まれ。2006年に俳優デビュー。『すばらしき世界』（21年）で第45回日本アカデミー賞優秀助演男優賞ほか受賞多数。24年も映画『笑いのカイブツ』『熱のあとに』など公開作が続々と控える。松岡とは映画『桐島、部活やめるってよ』（12年）『愛にイナズマ』（23年）、ドラマ『初恋の悪魔』（22年）などの多くの作品で共演している。菅田将暉のセカンドアルバム『LOVE』のジャケット写真を撮影するなど写真家としても活動中。

ふにゃっと笑う人

もっと考えます。考えてきます。

この言葉は、長らく私の待ち受け画面であり、お守りであり、指針であった。

仲野太賀と出会ったのは、太賀が18歳、私が16歳のとき。映画『桐島、部活やめるってよ』の3次審査だった。ワークショップ形式のオーディションに集まったのは十数名ほどで、人によっては2次だったり4次だったりしたそうだが、私にとっては3次だった。

そこには、のちに最終キャストとして選ばれる何人かもいて、仲野太賀もいた。

演じることでお金をもらうという覚悟も、謂《いわ》れのない仕打ちを受ける準備も、すでにできている背中を見せながら、今すぐ、全てを捨てられるような軽さで笑っていた。

私よりも2年早く生まれただけのはずの彼は、俳優として、私の遥《はる》か遠く、先にいるように感じた。

キャストが決まったあとも、ワークショップは続いた。まだ完成ではない台本を私たちが演じさせてもらい、その様子を見て脚本が書き換えられ、役すらも入れ替わっていった。

あるとき、吉田監督が私たちに宿題を出す。

「役の自己紹介を書いてきてください。どんな紙でもいいし、いっぱい書いても、ちょっとでもいいから。それを提出してください」

何でもいい、を素直に受け取った若き俳優たちは、本当に自由な紙に、自由な内容を書いてきた。なぜ私がそれを知っているかというと、カメラテストの日に、たまたまプロデューサーの机の上にあったその紙の束を見つけてしまったのだ。絶対にダメだと心臓が鳴り響くなか、ペラペラと何枚か捲《めく》ってしまった。

履歴書のように書く者、ポエム調に書く者、皆さまざまで、そんな書き方もあったのかと目を丸くしていると、1枚の紙に目が留まった。太賀のだった。

大学ノートかなんかに書かれたその言葉たちは、文字数は多くはないものの、その人がどんな気持ちでこの紙に向かったのか、よくわかる文章だった。

その一番下に、その言葉を見つけた。

もっと考えます。考えてきます。

遥か遠く先にいると感じた彼が、こんなに無垢で、まっすぐな言葉を書くのか。

これは私にとって大切な言葉になる、そう確信した私はこっそり写メを撮ったのだった。

◇

映画の撮影が始まって少し経つと、太賀はカメラを首に下げて、皆の写真を撮り始めた。ふざけて撮られたり、真面目に撮られたりしながら、みんなどこか、撮られるのがうれしそうだった。

ある日、キャストの中でも美形な2人を、ペアで写真に収めている場面に立ち会った。肉眼で見ても美しいのだが、太賀の構図に写る2人は、まるで彫刻のようで。

きれいだなぁ。こんな顔だったらなぁ。

心の底から湧いてきたのは羨望だけではなかったと思う。コンプレックス大爆発中の16歳松岡少女は、太賀に、写真を撮られたくないと思った。


今までだって、写ることが好きではなかった。自分が思っているよりもさらにかわいくない自分を見るのが、嫌だったから。学校でお友達と写真を撮るときは、当時流行っていた頰を両手で押さえるポーズとか、ピースで顔を隠したりとか、そんな小手先のテクニックで切り抜けてきたけれど、太賀の撮る写真はそういうのじゃない。写真を知らなくてもわかった。彼のまっすぐな心が、まっすぐに被写体を捉え、被写体そのものを写すような写真。それでいて、時がぴた、瑞々《みずみず》しく止まっている。

映画の撮影も折り返しに差し掛かったころ、写真撮らせてと、太賀が話しかけてくれた。単独の写真を撮ってないのは、残すところ私だけのようなのだ。

私は嫌だった。どんな顔をすればいいかわからないし、みんなみたいにかわいくない。緊張するし、恥ずかしい。確かその日は、言い訳をして逃げた。

別の日、また太賀がやってきて、撮らせてよ、と言ってくれる。でも、私はやっぱり嫌だった。このころの私は、お芝居の上手い人は相手の心をすべて読めるものだと思い込んでいたところがあり、太賀にならば、撮られたくない私の気持ちがわかるだろうにと、やや不満で

「ねぇ、太賀にならわかるでしょ」

ぐい、と太賀の腕を押した。

ガシャン、と重そうな音とともにシャッターが切られる。

太賀は不満そうにカメラへ視線を落とした。フィルムの写真は1枚1枚が貴重だということは知っていたから、少し申し訳なく思ったけれど、ブレて良かったと、内心はホッとしていた。そのはずだったのだが。

なんとこの写真はブレておらず、撮られたくない旨を訴える私がしっかり写っていた。

私の記憶ではこのブレてなかった1枚、それだけだと思っていたのだが、この企画を起こすにあたってカメラロールを探していたら、もう1枚、残っていた。

むすっ、と音が聞こえてきそうなほどに仏頂づらの私。かわいくねぇ。

でも、今となっては記憶ごと愛おしく、眩《まぶ》しい。かわいくねぇ私も、なんか可愛い。

太賀に写真を撮ってもらう。
今回は、自ら望んで、撮ってもらう。

この撮影では、街を2人だけで回らせてほしいというお願いをしていた。
誰のためでもなく、何の責任があるわけでもなく、あのとき、太賀がみんなを撮って回っていたときのように、今、誰の目もないところで、私の写真を撮ってほしかった。

「カメラ、重そうだね。その子は長いの?」
「うん、もう10年くらい。桐島のとき持って行ったカメラもこれだよ」

あのころ、撮られることから逃げていた私と、それでも撮ろうとしてくれた太賀と、重たいカメラで、吉祥寺を歩く。

鼎談

三谷幸喜、
是枝裕和と話す

松岡が尊敬してやまない
お二人との特別な鼎談《ていだん》が実現！
作品への思い、観客との向き合い方、
これからのこと。
限られた77分でめいっぱいお話ししました。

三谷幸喜（みたに・こうき）

1961年生まれ。日本大学芸術学部演劇学科在学中の83年、劇団「東京サンシャインボーイズ」を結成。90年代より脚本を手がけたドラマが次々とヒット。94年に劇団は休団。以降、脚本家、演出家、映画監督として多くの作品を発表している。三谷が脚本や演出を手がけたドラマ『真田丸』（2016年）『黒井戸殺し』（18年）、舞台『江戸は燃えているか』（18年）『23階の笑い』（20年）に松岡が出演した。

是枝裕和（これえだ・ひろかず）

1962年生まれ。87年に早稲田大学第一文学部卒業後、テレビマンユニオンに参加し、主にドキュメンタリー番組を演出。95年『幻の光』で映画監督デビュー後、数々の映画作品を発表。2014年に独立し、制作者集団「分福」を立ち上げた。18年に第71回カンヌ国際映画祭でパルムドールに輝いた映画『万引き家族』、23年のNetflixシリーズ『舞妓さんちのまかないさん』に松岡が出演している。

打ち上げが苦手

松岡　本日はお忙しいなか、お越しいただきましてありがとうございます。今日は、大好きなお二人にいっぺんに会いたいというわがままから、お呼びたてしました。

是枝　光栄です。

三谷　有難いですね。

松岡　2020年のアカデミー賞のとき、お二人がたまたま同じ場所にいらしたんですよね。是枝さんが私と二階堂ふみちゃんと高畑充希ちゃんの写真を撮ってくださって、私たちの後ろに三谷さんが見切れてくださって。あのとき、是枝さんと三谷さんと3人でお写真を撮りたかったなという思いがずっと残っていたんです。あと、是枝さんと『万引き家族』★1の取材

★1　万引き家族……2018年公開の是枝裕和監督映画作品。同年の第71回カンヌ国際映画祭で最高賞のパルム・ドールを受賞。親の死後も年金を不正受給していたという実際の事件に題材を取った〝家族〟の物語。祖母の年金と親子で万引きをしながら生計を立てる柴田家の一員、柴田亜紀役を松岡茉優が演じている。

を受けていたときに、「今度三谷さんの舞台に出させてもらうんです」とお話ししたら、「三谷さんと僕は、つくっている作品は違うけど、目指しているところというか、ゴールが近い気がする」とおっしゃっていて。

是枝　ほんとですか。

松岡　あら、覚えてらっしゃらない？

是枝　その言葉は覚えてないですけど、親しみを覚えているのは間違いないんですよ。

三谷　僕にとって是枝さんは特別な人。そもそも交友関係が広くなくて。脚本家の知り合いもほとんどいないし、舞台演出家の知り合いは皆無。自分が映画監督だと思っていないから、監督さんの知り合いも数えるほどしかいなくて。僕の人生で、是枝さんほど頻繁に会っている人はいないんじゃないかな、といっても4回くらいだけど。

是枝　僕もね、友達は少ないんですよ。三谷さんもきっと、打ち上げパーティーとか苦手ですよね？

三谷　ほぼ行かないですね。自分の映画の打ち上げも休んじゃったりします。

松岡　『真田丸』[★2]の大きな打ち上げのときも、いらしてなかったですね。打ち上げは苦手なんですか？

三谷　嫌いですね。まず自分が中心にならなきゃいけないようなパーティーが好きじゃなくて。誕生日にサプライズをされるのも大嫌いですから。

松岡　それは、心の準備ができないからですか？

三谷　僕ごときのために、みんなの人生の貴重な時間を費やされるのが申し訳ない。

松岡　そのお言葉、私に跳ね返ってきてます。今日、お二人の大事な時間をいただいちゃった。

三谷　僕が費やすのは全然平気なんです。ただ、僕のためにみなさんが時間を費やすのは、耐えられない。サプライズなんて最たるもの。そんなことで人生の貴重な時間を無駄にしないでほしい。それに、何か仕組んでもらったところで「えー！」とか

★2　真田丸……2016年放送のNHK大河ドラマ。真田信繁（幸村）を主人公に描いた、三谷幸喜のオリジナル作品。松岡茉優は、真田信繁の正室・春を演じている。

「ありがとう!」とか言うのも恥ずかしいし、もうね、何もかも嫌なんです。

是枝 そういうところがすごく似てます。リーダーシップがないのに、リーダーシップをとらなきゃいけないポジションに就《つ》かされて、「自分はこんなところにいる人間じゃないんだ」と思っている感じが近いんだと思います。

松岡 映画にしても舞台にしても、現場では100人ぐらいの大人たちと一緒にやっていかなきゃいけなくて、いわば船長のような立場ですよね。それは日々とても苦しいのですか?

三谷 舞台はまだ人数が少ないから、気が楽ですね。映画は全然慣れないです。

松岡 現場でたくさんの大人と仕事をしていると、「何度言っても思いが伝わらないな」ということもきっとありますよね。そういうときはどうされるんですか?

三谷 でも、絶対に伝わらないってことはそうはないですよね。時間をかければどうにか伝わりませんか?

是枝 時間をかければ、変わってもらえる人を選んでるつもりです。どうしても変わらない人もいますけど、そのときはもう、なかったことにするってことは何度かやりました。どこかで諦めた段階で、「ここは編集でカットして、どこか別のシーンで撮ったものを足して補えばなんとかなるかな」と考え始める。

三谷 それはもう、現場で判断する?

是枝 現場で判断します。ただ、舞台だとそうはいかないですよね。

三谷 舞台だと、その日は伝わらなくても、次の日も稽古はあるわけだし、1週間後にまた同じ場面を稽古するときにはなんとかなるだろうと思えるから、精神的に楽なんですよね。映画だともう、その日に決着をつけなきゃいけないから。

松岡 映画の現場で、おっと?となったときはどうされるんですか?

三谷 そんなにないんだけど、初めて仕事をする俳優さんから「それはなぜやらなければいけないの」みたいに言われることはある（笑）。でも、それは僕の伝え方が拙《つたな》かったんだろうなと思うから、その人にわかってもらうための言葉を必死になって探す作業に入りますね。

舞台と映画、どちらが難しい？

松岡　以前お二人が対談されたとき★3、是枝さんはちょっとだけ舞台にご興味があるとお話しされてましたけど、覚えていらっしゃいますか？

是枝　それは覚えてます。でも、舞台って難しいね。

三谷　そうですか？　僕は絶対、映画のほうが難しい。というか大変。

松岡　前に三谷さんとお話ししたとき、どのお仕事をされているときが一番充実してますかと伺ったら、「舞台だと、自分がやりたいこととの一番近いところまでいける感じがする」とおっしゃっていたんです。是枝さんは、舞台だと、もしかしたら映画よりも自分のやりたいことができるかもしれないと感じることはありませんか？

是枝　いや、いちど勉強しようと思って、三谷さんの稽古場を見学させてもらったこと

★3　以前お二人が対談されたとき……『是枝裕和 対談集 世界といまを考える 3』（PHP文庫）の「三谷幸喜　創作のナイショの舞台裏」内での話。

があるんです。あのときはありがとうございました。

三谷 劇場にも来られましたもんね。

是枝 はい。最初に考えていたのは、お芝居をしているバックステージの話だったから、演出家はどこにいるのか、三谷さんはどういうふうに動くのかに興味があったので、見学させてもらったんです。それはとても面白かったんですけど、自分が舞台を演出するとなると、やっぱり場面転換が難しいんですよ。映画だと展開をつくりやすいんだけど、舞台は人の出入りをどうするのかっていうのが難しいなと思いながら見てました。

三谷 でも舞台の演出が難しいのって、逆に言えばそこくらいじゃないですか。だから僕は場面転換はほぼやりません。

是枝 映画監督が舞台を演出すると、しゃべってない役者を動かすことができないから、俳優が止まっちゃうんですよ。監督の頭の中ではカットバック★4してるんだけど、舞台に出ている俳優はハケられないから、立ったままになってしまう。そういうのを目の当たりにすると、しゃべってない人の動かし方を相当緻密に考えないと、舞台は難しいんだろうなと思いました。

三谷 たぶんきっと、カット割りみたいなものが頭の中にあるんですよね、映像の演出家さんは。でも舞台だって基本は同じですから。ここは引きで見てほしいとか、ここは寄りで見てほしいとか。長くやっていると、お客さんを自然に誘導してあげることができるようになります。慣れです。

是枝 カメラの代わりに、演出家がサイズをコントロールするわけですね。

三谷 そのノウハウさえつかめば、ひょっとしたら映画監督さんのほうが上手かもしれない。映画監督や舞台の演出家の仕事って、簡単に言ってしまうと、AかBかをチョイスする仕事だと思うんです。スタッフの方から「このキャラクターが使う携帯電話、どっちにしますか?」と聞

★4 カットバック……対照的な二つの場面を切り替え、緊張感や臨場感を出す手法のこと。

かれたときに「こっちにしましょう」とかって選ぶじゃないですか。内心、どっちでも良かったりするんだけど。そのチョイスの数が、舞台が１００だとしたら、映画は１０００ぐらいある感じがするんですよ。だからもう、比べものにならないぐらい映像のほうが大変、僕はね。

息の長い女優に

松岡　舞台に出演させていただいたときに気になったのが、私以外の誰かの「見せ場」と呼ばれるようなシーンで、観客の方が私を見ている、ということもあって。舞台上から客席って結構見えるから、「私、ここから5分くらい何もしないのに、お客さんが私を見ている」と気づいてしまうと、どうしよう、あっちを見てほしいのに、と思ってしまって。そういうときってどうしたらいいですかって、『23階の笑い』[★5]で共演した浅野和之[★6]さんにお聞きしたことがあるんです。そうしたら、「俳優がそんなことを考えちゃダメ」と。もしもお客さんが、誰か別の俳優がしゃべっているときのあなたを見ているんだとしたら、それはそれでいいんだと。「私じゃなくて、あっちを見てほしいというのは、俳優が考えることじゃないよ」と言っていただいて。

三谷　それは――どういうこと？　自分は今見られているのかという自意識みたいなものですか？

松岡　見られていたらどうしよう、ですかね。今から向こうで面白いことが起こるのに、まったく面白いことが起きていない私を見ている観客の方がいた場合、「どうやったら向こうを見てもらえるんだろう？」と考えてしまってました。

三谷　自分を見させないためにはどうしたらいいのか、っていうことか。

松岡　そうです、そうです。消えるということ。

三谷　難しいですよね。何もしないと、舞台上では逆にすごく目立つ。

松岡　その点、『江戸は燃えているか』[★7]で共演

★5　23階の笑い……２０２０年12月公演のシス・カンパニー製作舞台作品。アメリカを代表する喜劇作家ニール・サイモンの自伝的作品を三谷幸喜が演出。コメディアンのマックス・プリンスのために日々奮闘する放送作家たちに大きな問題が降りかかる。紅一点のキャロル役を松岡茉優が演じた。

★6　浅野和之……俳優。舞台、映像を問わず幅広い作品に出演。三谷幸喜作品も多く、三谷作・演出の『12人の優しい日本人』などの演技で２０１６年に第40回紀伊國屋演劇賞個人賞・第13回読売演劇大賞最優秀男優賞を受賞。スーパー歌舞伎などへの出演もある。

★7　江戸は燃えているか……２０１８年パルコプロデュースの三谷幸喜書き下ろし舞台。新たな時代の訪れが近づく江戸は勝海舟宅で繰り広げられる時代劇コメディ。松岡茉優は中村獅童演じる勝海舟の長女・ゆめを演じた。

させていただいた高田聖子[★8]さんの動きがとても勉強になりました。そのとき高田聖子さんは勝海舟に仕える役だったから、何かを畳んだり、誰かが散らかしたものを片付けたりされていて。

三谷 意味のない動きをするとこれも目立っちゃうんだけど、必然性のある、シチュエーションのなかに埋もれる動きがあれば、目がいかないんですよね。

松岡 勉強中です。

是枝 偉いね。ほんと勉強熱心だよね。

松岡 クソ真面目、と言い換えられてしまうこともあるから、自分って面白くないなぁって思うんですけど。

　以前、三谷さんに「今後のビジョンが見えないんです」とご相談させていただいたことがあるんです。自分はどうなっていけばいいのかわからないし、どういう面白さを持っているのかもわからないし、目の前のことに一生懸命になることしかできていなくて、って。そうしたら三谷さんが、「僕のなかには、30代、40代の松岡さんのビジョンがありますよ」とおっしゃってくださって。

三谷 言いましたかねえ。ほんと、この年になってくると、自分が昔言ったことってまったく覚えてない……。

松岡 もう、是枝さんも私に言ったことを覚えてらっしゃらないし、三谷さんも覚えてらっしゃらない（笑）。

三谷 でも、今も思いますよ。すごく息の長い女優さんになるだろうなって予感は前からありました。この人はお母さんの役もできるようになるだろうし、もしかしたらおばあさんもできるようになるんだろうなと、『真田丸』のときに思ってました。

今まで一度も求められてなかった!?

松岡 うれしいです。でも、あのときぬか喜びがあったんです。三谷さんの作品に出させていただく初めてが『真田丸』だった

★8　高田聖子……俳優。劇団☆新感線の看板女優として多数の作品で活躍。『やんちゃくれ』『芋たこなんきん』『エール』ほか多数のドラマ、映画、舞台にも出演。２０１６年『どどめ雪』で、第51回紀伊國屋演劇賞個人賞を受賞。

んですけど、オファーをいただいたとき、三谷さんが「この役は松岡さんがいい」とおっしゃったと聞いたんです。

三谷　プロデューサーって、そういうこと言うんですよ。

是枝　言いますね。

松岡　どこで私のことを知ってくださったんだろうって、とってもうれしくて。大河ドラマって、キャスト発表のときにコメントも一緒に出させていただくんですよね。そのときの私は、三谷さんが私に声をかけてくださったと思い込んでいる状態ですから、「三谷さんとご一緒するのは野望でした」って、ちょっとかっこいいことを書いたんです。でも、あとから聞いたら、そのときはまだ私のことご存じなかったんですよね？

三谷　すごく覚えているのは、プロデューサーがスタッフルームに駆け込んできて、「松岡茉優が決まりましたよ！」と言ったんです。僕は「誰？」って感じで。みんなもすごく喜んでたから、よっぽどすごい人なんだろうなと思った。

松岡　すごい人だなんてとんでもないですけど、それはそれでうれしいです。あのとき私がいただいたのは、真田信繁《のぶしげ》の正室・春という嫉妬深い女性の役でしたけど、「大河ドラマなのに、茉優ちゃんのドキュメンタリーみたいだね」と母に言われました。私はあのぐらい嫉妬深い女でございます。

三谷　あんなふうに障子を破ったりする？[★9]

松岡　そこに障子があればきっと破ります（笑）。そのあと、アガサ・クリスティー[★10]さんの原作を書き換えた『黒井戸殺し』[★11]というスペシャルドラマに出演させていただいて。『黒井戸殺し』は現代とは違う時代設定の作品でしたよね。

三谷　あれも僕のリクエストじゃないんだよなあ。確かプロデューサーが松岡さんの大ファンだった。本来は『アクロイド殺し』という、イギリスの田舎で起こった殺人事件を描いた作品なんですけど、それを日本に置き換えた。だから全員日本

★9　あんなふうに障子を破ったり……『真田丸』第39話「歳月」に、松岡演じる真田信繁の正室・春が側室・きりへの嫉妬で障子を破るシーンのこと。

★10　アガサ・クリスティー……1890〜1976年。イギリスの推理作家。「ミステリの女王」と呼ばれ、国内外で人気が高い。名探偵ポワロシリーズやミス・マープルシリーズ他、多くの著作がある。

★11　黒井戸殺し……2018年4月にフジテレビ系列で放送されたスペシャルドラマ。アガサ・クリスティー原作の『アクロイド殺し』を三谷幸喜の脚本により映像化。片田舎の名家で起きた殺人事件を野村萬斎演じる名探偵・勝呂武尊が捜査する。黒井戸家の令嬢・黒井戸花子を松岡が演じている。

人の設定なんだけど、翻訳ものの空気を残したかったので、イギリス製の本格ミステリのテイストを持った人たちに出てもらいたかったというのはあります。松岡さんにはちゃんとその匂いがあった。

是枝　ニール・サイモン（『23階の笑い』）のときもそうでしたもんね。

松岡　あのときはキャリアウーマンの役でした。

三谷　僕のキャスティングじゃないんですよ。シス・カンパニーが制作する舞台は、プロデューサーの北村さん★12がキャスティングするんです。

松岡　『江戸は燃えているか』のとき、もともと勝海舟の子供は三兄弟という設定で考えてらしたけど、「松岡さんが勝海舟の子供を演じるなら、一人娘に変える」とおっしゃってくださったと伺ったんですけど――この話も違いそうですね。そのお話は、ちょっとずつ齧《かじ》って生きてきたような、きらめく記憶の一つだったんです。

是枝　僕ね、『23階の笑い』を見て、さすが三谷さんと思ったんですよ。松岡茉優のコメディエンヌのセンスをちゃんとつかんだんだな、と。

三谷　『江戸燃え』ねえ、覚えてないなあ。『23階の笑い』のときはね、「この役を松岡さんで」という話を聞いて、正直言うと、ちょっと違うんじゃないかと、最初反対した。

松岡　年齢が10個ぐらい違う役でしたものね。

三谷　松岡さんがこの役をやると、苦労されるんじゃないかと思ったんです。大好きな女優さんなので、もちろん一緒に仕事はしたいんだけども、この役ではないような気がするってことを北村さんに言った記憶があります。ただ、僕は今、それを恥じてますよ。あの役を演じられる日本人の女優さんって、すごく少ない。そのなかに松岡さんがいた。それが僕にはわからなかった。

松岡　ありがとうございます。あのとき私は、

★12　北村明子……演劇プロデューサー。シス・カンパニー代表。三谷幸喜作・演出の『日本の歴史』『23階の笑い』をはじめとする多くの舞台を製作。2016年には、エンターテインメント界に大きく貢献したプロデューサーに贈られる渡辺晋賞を受賞している。

吉田羊[★13]さんだったらどうするかなってことを考えながら演じてました。私より身長が高くて、年齢も私より少し上で、声が通って――。

三谷　そうなんですよね。普通だったらたぶん、羊さんみたいな役者さんにオファーがいく役なんですよ。でも、ちゃんとやり遂げてました。

松岡　うれしいけど、今まで一度も求められてなかったっていうのが今回わかってしまって、落ち込みました（笑）。お二人の中では、俳優さんを選ぶということが、作品ごと動かすほど重たいことと私は認識しているんです。妬《ねた》み嫉《そね》みシリーズでいかせていただくと、是枝さんが、坂元裕二さんと映画をつくられると伺って、「通行人の役でもいいから現場に行きたいです、何か役はありませんか」とお聞きしたら、「松岡さんぐらいの年齢の役はないんだよな」とおっしゃったんです。でも、私ぐらいの年齢の役が２つ以上あったんです。

三谷　いや、「なんでもいいから」っていうのは酷《こく》な願いですよ。そう言われてもね。

是枝　もしも初めましてだったら、「今回は３日ぐらいで撮影が終わる小さい役なんだけど、お願いできるかな？」と言えるけど、仕事を重ねてきてる相手に「ごめん、今回は１日だけなんだ」っていうのは、なかなか頼みにくいよ。

松岡　それでもうれしいんですけどね。

三谷　お客さんが見てても、「現場に遊びにきた役者が出てる」っていう感じに見えたりする。それも嫌じゃないですか。

松岡　ああ、作品を軽くしてしまうのですね。

是枝　松岡さんがそう言ってくれたから、『怪物[★14]』のときも考えたんだけど、ちょっと躊躇《ちゅうちょ》しちゃった。

三谷　去年の大河でも、松岡さんに「何か役はありませんか」と言われて、一生懸命考えたんですよ。しかも、「もう鎌倉時代のことを勉強し始めました」とか言うから、なんかないかなと必死に考えたけど、やってほしい役が見つからなかった。や

★13　吉田羊……俳優。小劇場でのキャリアを積んだのち、ドラマ、映画、舞台などさまざまなジャンルで活躍。ドラマ『純と愛』『真田丸』『ＨＥＲＯ』『コウノドリ』『コールドケース～真実の扉』、映画『ビリギャル』など。２０１７年、三谷幸喜作・演出の『エノケソ一代記』で第24回読売演劇大賞優秀女優賞を受賞した。

★14　怪物……２０２３年６月に公開した是枝裕和監督、坂元裕二脚本の映画作品。２人の子供の失踪をめぐる問題を、大人の視点、教師の視点、子供たちの視点それぞれの立場から描き出す作品。同年に第76回カンヌ国際映画祭脚本賞、クィア・パルム賞を受賞。

るなら、僕も書きがいがあって、松岡さんも演じがいのある役がいいじゃないですか。通りすがりの白拍子というわけにはいかないよ。

配信と連ドラの違い

松岡 お二人とも、近年配信ドラマに挑戦されましたよね。配信ドラマって、一気見もできるし、半年ぐらい経って続きを見ることもできるし、チョイスが難しいんじゃないかと思ったんです。映画や舞台は「今から全力で見てください」という環境ですし、連ドラであれば「毎週この時間に見てください」となりますけど、配信は見る方に委ねるものが大きいから、つくりかたのチョイスも変わるんだろうな、と。

三谷 連ドラをつくってきた人間からすると、びっくりするのは時間的制約がないことなんですよね。こないだ『サンクチュアリ―聖域―』[★15]を見ていたら、第1話は1時間ぐらいあるんだけど、最終回は30分しかないんです。そんな連ドラないですもんね。

是枝 フォーマットが全然違いますね。

松岡 それは、配信のほうがつくりやすいと捉えていいんですか。

三谷 そこはちょっと、裏腹なんです。

是枝 三谷さんもよく言ってますけど、制約があったほうがシャープになっていく感じもあるんですよね。時間的な制約がないことで、自由さを獲得しているのと同時に、何かを失っている感じがする。あと、三谷さんと僕は同世代ですけど、テレビで連ドラを見て、吹き替えの洋画を見て子供時代を過ごしてるでしょう。だから、作品を見ると「ああ、見てきたものが同じなんだな」と感じるんですよね。そこはやっぱり、配信と連ドラはちょっと違いますよね。連ドラであれば、毎週同じ時間にテレビの前に座って、毎週1話ずつ見るわけです。それに比べると、さっき松岡さんが言ったように配信は見る側

★15 サンクチュアリ―聖域―……2023年配信の江口カン監督によるNetflixシリーズ。荒れた暮らしを送る屈強な青年が相撲部屋に入り、角界を揺るがしていく異色の物語。

の生理に委ねられているから、あんまり連ドラをやった感慨はないんですよね。配信だと、長い一本ものをつくった感覚に近づいてしまう。

三谷 配信は小説に近いかもしれませんね。

松岡 小説も途中で閉じられますからね。「ここは続けて見てほしい」みたいなことって、配信だと受け取れないこともありますよね。子供のときから配信を当たり前のように見ている世代のほうが、配信に挑戦しやすかったりするのかしら。

三谷 かもしれないね。配信の作品をつくったり見たりすると、連ドラをすごくやりたくなるんですよ。やっぱり、連ドラの面白さってあるから。民放の連続ドラマだと、もう二十何年も「これだ!」っていうものをつくってないから、ちゃんと向かい合ってやらなきゃなと思うようになりました。

松岡 それは、脚本家さんとして?

三谷 脚本家として。配信の作品って、やはり制作面で時間的に余裕がある。テレビの連続ドラマはオンエア日に追い立てられて、どうしても毎回ギリギリのところでつくることになる。そう考えると、クオリティーは全然配信のほうが高い気がするから、どうやって連ドラでそれに負けないものをつくるのか。そう考えたときに、僕は脚本に追われながら演出することなんて絶対にできないから、今の環境で連ドラをやるなら脚本家に徹するのが一番いいと思ってます。

松岡 私も連ドラが大好きな子供だったので、連ドラへの思いはひとしおです。その時間になると毎週家族がテレビの前にそろったり、自分の推し作品の視聴率が高いとうれしかったり。つくってる側も一丸となって3カ月闘うし、見てる側もサポーターに近い感覚がある気がして。

三谷 監督は何年生まれでしたっけ?

是枝 62年です。

三谷 僕が一個上なのか。『淋しいのはお前だけじゃない』[★16]はご覧になってました?

是枝 あれは大好きでした。

★16 淋しいのはお前だけじゃない……1982年6～8月、TBS系列放送のテレビドラマ。脚本は市川森一。西田敏行演じるサラ金の取り立て屋と、逃げ回る人々がひょんなことから旅回り一座を結成。そこから巻き起こる騒動をコメディタッチで描いた。この作品で市川森一は第1回向田邦子賞を受賞。

三谷　『淋しいのはお前だけじゃない』って、脚本が市川森一[★17]さんで、西田敏行さん主演のドラマなんだけど、同じころに西田敏行さん主演の『池中玄太80キロ』[★18]ってドラマも放送されていたんです。僕は当時大学生でしたけど、『淋しいのはお前だけじゃない』のほうが好きなのに、視聴率は『池中玄太80キロ』が倍以上とってる。みんなが池中玄太を好きになるのはわかるんだけど、僕は『淋しいのはお前だけじゃない』で西田さんが演じるキャラクターのほうに惹かれたし、ああいう作品を書いてみたいと思った。

是枝　あのころの市川森一の連ドラは素晴らしいものばかりですよね。『淋しいのはお前だけじゃない』は、脚本集もＤＶＤも持ってます。

三谷　あの脚本集、僕は2冊持ってますよ。１冊はぼろぼろになってるけど、もう1冊はきれいに保存してあります。

是枝　その気持ちはわかります。それぐらい衝撃的だったんですよね。あのドラマが放送されたのは、僕もそろそろ自分で脚本を書きたいなと思い始めていたころだったんですよ。あのドラマを見た人は、みんな影響を受けてるんじゃないですか。宮藤（官九郎）さんの『タイガー&ドラゴン』も、『淋しいのはお前だけじゃない』へのリスペクトと愛が溢《あふ》れてるし。なんかね、すごく真似したくなる脚本だったんですよ。

やりたいものと大勢に好かれるもの

松岡　今後、連ドラをされるとしたら、どんなものをつくりたいですか。

三谷　連ドラは結局、何本やられたんですか？

是枝　地上波は1回だけ[★19]です。「あんなに好きなことやって、視聴率をとりたいだなんて、そんな考えじゃダメです」って、三谷さんに怒られました（笑）。

三谷　怒ったんじゃなくて、「視聴率が低い」と落ち込んでらしたから、それはおかし

★17　市川森一……１９４１〜２０１１年。日本を代表する脚本家の一人。特撮番組『ウルトラマン』シリーズやドラマ『傷だらけの天使』『淋しいのはお前だけじゃない』、大河ドラマ『黄金の日日』など数々の人気作を手がけた。89年には映画『異人たちとの夏』で日本アカデミー賞最優秀脚本賞も受賞。

★18　池中玄太80キロ……１９８０〜92年、日本テレビ系列で3シーズンにわたり放送されたテレビドラマシリーズ。結婚直後に妻に先立たれたカメラマン・池中玄太（西田敏行）が、血のつながらない3人の子供を育てるドタバタ奮闘記。

★19　地上波は1回だけ……２０１２年10〜12月フジテレビ系列で放送された『ゴーイング マイ ホーム』のこと。監督・脚本を是枝裕和が手掛けた。倒れた父が熱を上げていた伝説の生き物「クーナ」探しに出合い、自分も引き込まれていくＣＭプロデューサーの男を阿部寛が演じている。

いんじゃないか、と(笑)。あれで数字をとろうと思ってたことに驚いたわけです。

松岡　じゃあ、三谷さんが20年ぐらい前に連ドラをやられていたときは、自分の好きなことをやるんじゃなくて、数字も意識されていたんですか？

三谷　好き勝手やるようになって、視聴率が下がっていったんです。最後のほうにやったのは、『合い言葉は勇気』[★20]というドラマで、産廃問題を描いてるんです。しかも、村人たちが会社相手に裁判で闘う話なんですけど、刑事裁判ならともかく民事裁判ですから、さすがに数字はどんどん落ちていきましたね。

松岡　視聴率がふるわなかったとしても、やりたいことはできたという充足感は残るんですか？

三谷　それはね、やっぱりあるんですよ。だから、僕がやりたいものは大勢の人が楽しめるものではないんだなと割り切ったときから、連続ドラマは書かなくなりました。大河ドラマはやりましたけど、大河はちょっとまた別なんですよね。

松岡　映画をつくられるときも、「自分がやりたいことは大勢に好かれない」と思ってらっしゃるんですか。

三谷　これは難しいところなんですけど、僕のなかのくくりとしては、自分のやりたいものは、題材を含めて舞台でやっていこう、と。映画はたくさんの人が見るので、もちろん自分のやりたいものは外せないんだけれども、それはちょっと端っこに置いて、よりたくさんの人に見てもらえるものをつくろうと自分なりに考えているつもりではあるんです。それが良いのか悪いのか、僕にはわからないんですけど。そんなこと忘れて、自分が一番やりたいものを映画としてつくってみたら、もしかしたらかえって大勢の人が見てくれるかもしれないんですけど、その勇気がない。そもそも自分がほんとうにやりたいものと、大勢の人が見てくれるもののあいだに大した差なんてないのかもし

★20　合い言葉は勇気……2000年7～9月、フジテレビ系列放送。脚本・三谷幸喜。産廃問題に揺れる農村を舞台に、村の人々と東京から招かれた俳優たちが産廃業者との裁判を繰り広げるコメディ。

れない。それはやってみないとわからない。でも怖い。そんな感じです。是枝監督は自分のやりたいことをやって、しかも評価されて、大勢の人が見てくれているわけだから、そこの部分を克服されているわけですよね。

是枝　そんな、克服はできてないです。松岡さんと一緒にやった『万引き家族』のときは、「今までやってきた予算より全然少なくて構わないから、やりたいようにやらせてください」とお願いして、やりたいことだけをやったんです。そうしたら、結果的には一番興行成績が良かった。だからもう、結果がついてくるかこないかは自分の意識と関係ないんだなっていうのが答えになって、考えてもしょうがないやっていうのが今の地点なんですよ。

三谷　僕は自分が映画監督だとはまったく思ってなくて、本来脚本家だし、映像ではなく舞台の人間だと思っているんです。映画は何年かに一回、ご褒美みたいにつくらせてもらっているところもある。でもだから、逆に恐ろしいんです。毎年つくることができれば、いろんなことに挑戦できるかもしれないけれど、数年に一本となると、ちょっと置きにいくところもある。ここで変なのつくっちゃって、この先、映画を撮らせてもらえなくなったらどうしよう、と。

松岡　ファンとしては、三谷さんが弾け飛んでる映画も見たいですけどね。

三谷　ちょっと弾けかけた『ギャラクシー街道』[★21]って映画があるんですけど、びっくりするぐらい評判が悪くて（笑）。道を歩いてて知らない人に励まされたのは、あのときが初めてでした。「大丈夫ですよ、面白かったですよ」って。

是枝　「僕は好きでした」みたいなね（笑）。

松岡　あれは嫌な言葉ですよね。好きだと思っていないその他大勢のことを、こっちに見せなくていいから、って。

お二人は宣伝で表に出られることも多いですけど、打ち上げがお好きじゃないんだとしたら、そうやって表に出るのも

★21　ギャラクシー街道……2015年公開の三谷幸喜脚本・監督映画。木星と土星の間に浮かぶスペースコロニー「うず潮」と地球の間を結ぶ〝ギャラクシー街道〟にあるハンバーガーショップを舞台に繰り広げられるシチュエーションコメディ。

三谷　きついんですか？

好きで出てるわけじゃないですからね（笑）。得意でもないし。もう、必死ですよ。

是枝　でも、三谷さんは面白いもん。ほんとに出たがりな人だったら引いちゃうけど、三谷さんはちょっと違うから、そこがキュートなんだよね。だから宣伝で出ていても、三谷さんがしゃべっていると面白いんだよな。

松岡　小さいころに、三谷さんがお一人で映画の宣伝をされていて、赤い背景の前に立って宣伝をしようとするんだけど、何度もタライが落ちてきてしゃべれないっていう映像を見たことがあって。その映像っていうのが、子供のころに一番笑ったことでした。

三谷　最初に撮った『ラヂオの時間』[★22]のときですね。監督さんって、あんまりそんなことしないですもんね。ただ、どれだけの人が頑張ってこの映画をつくったかっていうことを当然知っているわけだから、最後の段階で宣伝というのが入ってきて、自分にできることがあるんだとしたら、それはやらなきゃなって。逆に、なんで他の人たちはあんまりやらないんだろう？

★22　ラヂオの時間……1993年公開の三谷幸喜初監督映画。ラジオドラマを生放送しているラジオ局が舞台。生放送中のスタジオで、さまざまな登場人物が巻き起こすアクシデントを描いたコメディ作品。唐沢寿明、鈴木京香、西村雅彦他、豪華キャストも話題を呼んだ。

是枝　他の監督は、宣伝に出てもあんまりプラスにならないんですよ。逆にマイナスになりかねない不安もあるんだと思います。最近はもう、宣伝でバラエティに出てほしいって話がくると、「三谷さんみたいに面白くしゃべれませんよ」と先に言うようにしてます。みんなが三谷さんみたいにできると思ったら大間違いですよ、って。

三谷　楽しんでやっているように見えるかもしれないけど、全然違いますから。必死なんです。

松岡　私も出る側だから、表に出るときの歯痒《はがゆ》さや過酷さはわかります。ただ、『江戸は燃えているか』のとき、最初にご祈祷を受けたんですけど、偉い方たちもたくさんいらっしゃる場で三谷さんがちょっとふざけたんです。

三谷　いや、それは違うんですよ。お祓《はら》いされるとき、神主さんを見てると、90度ぐらい頭を下げるんです。あれが正しいスタイルなんです。僕はそれを真似ただけ。別に、ふざけたわけじゃない。

松岡　でも、そのとき三谷さんがお尻をぷりっとされて――あんなにお尻をぷりっとさせる必要はないですよね？

三谷　お尻をぷりっとさせないと、深く頭を下げられないんですよ。あそこまで深く頭を下げられないんですよ。神主さんたちは袴《はかま》をはいてるから、お尻が見えないだけで。

松岡　三谷さんはスーツを着てらしたから、お尻がぷりっとして見えただけだったんですね。後ろにいた私たちは、みんなで笑うのを我慢してたんですけど、あれはいたずらではなかったんですね？

三谷　正直言って、笑わせたいって気持ちは、ゼロではないですよ、そりゃ。だから必要以上にぷりっとさせたかもしれない。人前に立つと、こう、爪痕《つめあと》を残したくなるんですね。

松岡　それは共感します。ただ、宣伝のために表に出ると、お二人の作品を見たことがなくても、お二人のことを知っているという人も出てきますよね。たぶん、それが一番ややこしくて、なかにはとんでもない罵倒《ばとう》や批判、妄想を投げかけてくる方もいらっしゃると思うんです。

三谷　個人的に困るのは、僕をコメディアンだと勘違いする人もいて、ウィキペディアの肩書きに「コメディアン」と書いてある。そんなふうに思われるのは、コメディアンに申し訳ないし、ちょっと誤解を解きたいなとは思いますね。

松岡　私だったら、「ブス」とか「キモい」とか、そういう見てくれに関してのことは、まあいいんです。そうじゃなくて、こちらが考えつかないような妄想を投げかけられると、どうしたらいいんだろうと思います。その妄想はきっと、その人のコミュニティの中では伝播《でんぱ》していることなんだと思うから、参っちゃうなって。そういう誹謗中傷《ひぼうちゅうしょう》の乗り越え方を教えてください。

是枝　僕はもう、SNSをやめました。最初はね、一つ一つ反論してたんですよ。

松岡　中学時代から見てました。是枝さんはすごく丁寧にリプライされてたんです。

是枝　あまりに誤解が酷《ひど》いから、「それは誤解ですよ」と丁寧に反論してたんですけど、相手がアカウントを閉じちゃうんですよね。そうすると、その周りの人たちから、「あなたが反論したから、アカウントを閉じてしまったじゃないか」と批判される。そこで権力勾配《こうばい》がどうの、自由な言論の空間が云々《うんぬん》と言われ始めたから、反論するのはやめたんです。そのかわり、批判はミュートするようにしたら、タイムラインが平和になって面白くなくなっちゃった（笑）。それで時々ミュートを解除して、覗きに行ったりしてたんだけど、なんて無駄なんだろうと思って一切やめました。

松岡　名前と顔を出して活動している人たちは、石を投げられても痛くないんだと思っている人がびっくりするぐらいいて。是枝さんだって一人の人間で、すごく気にしいで照れ屋なおじさんなのに、って。「もう立ち向かわないで！」と思いながらやりとりを見てました。三谷さんはＳＮＳはされてないですよね？

三谷　僕はしないですけど、たまにエゴサーチはするんですよ。自分のことはどうでもいいけど、作品がどう思われてるかは気になるじゃないですか。そうすると、否定的な発言も目に入ってくるわけですけど、そこで自分の気持ちを整えるために良い言葉を教えてもらったんです。「サイレントマジョリティー」という言葉に対して、「ノイジーマイノリティー」という言葉がある、と。つまり、ワーワー言っているのは、少人数が騒いでいるだけだ、と。それを教えてもらって、「ノイジーマイノリティーがまた何か言ってるんだな」と思うようになったら、全然気にならなくなりました。

松岡　たった一言が、なんで大勢に見えてしまうんでしょうね。

是枝　錯覚なんだけどね。

何のために作品をつくるのか

三谷　あと、評論家で僕のことをぼろくそに言う人がいたら、なんとかしてその人の顔写真を探すんですよ。顔を見るとね、なんか落ち着くんですよね。

松岡　ちょっとわかります。誹謗中傷を投げかけてくる人って、フルネームで登録している人はほぼいないし、顔も見えないから大勢に見えるんですよね。

三谷　顔が見えないから怖いんですよ。はっきり具体的に見えてくると、だんだん気にならなくなる。

松岡　そのノイジーマイノリティーの方たちにも、自分の作品が届くといいなって気持ちはありますか？

三谷　これもまた、難しいところですね。ノイジーマイノリティーの話とはちょっと違うけど、ある時期から舞台でお客さんと接しなくなったんですよ。さっきの話につながるんだけど、お客さんが求めているものと、自分がやりたいものが一致していればいい。でも、それが違ってきたときに、僕はどうするんだろうかと考えた時期があって。いつか自分がやりたいものを世間が求めなくなったら、そのとき僕は自分が好きなものをやめて、みんなが求めているものをつくるんだろうか。いや、それはできないな、と。だとしたら、僕はお客さんのためにつくっているのではないんじゃないか。自分はあくまで自分のために集まってくれた俳優やスタッフのためにつくっているんだって。彼らが喜んでくれた先にはお客さんがいるんで実は同じことなんだけど。少なくとも僕の頭の中には、お客さんの笑っている姿はない。そんな人間がお客さんの前に出てニコニコしていてはいけないと思ったんです。それからは終演後にロビーに立たなくなりました。カーテンコールも出ない。僕みたいな人間が拍手をもらってはいけない、そんなふうに思うようになった。

松岡 今は何をモチベーションにつくられてるんですか？

三谷 なんのためにつくるか。最終的には自分を楽しませるためかな。

松岡 それは究極にシンプルだし、励まされます。それに、そう自覚するべきだと気づかされました。

三谷 あとはもう、祈る思いですよ。僕は自分の好きなものをつくるしかない、だからみんなもそれを面白いと思ってくださいって。

是枝 観客のことはある程度置いていかないと、ちょっとしんどいなって状況になってきてると思うんです。ただ、三谷さんが本の中でも書かれていたと思うんですけど、たとえば「ビリー・ワイルダー」★23とか「スクリューボール・コメディ」★24とかって言葉を出したときに、それがどういうものなのか、共通認識として理解してくれないスタッフも出てきてますよね。そこはどうしますか。

三谷 これはね、最近の大きな問題なんですよ。若いスタッフのなかにはビリー・ワイル

★23 ビリー・ワイルダー……1906〜2002年。脚本家、映画監督、映画プロデューサー。現ポーランド地域からフランスを経てアメリカに亡命。1945年公開の『失われた週末』でアカデミー作品賞、第1回カンヌ国際映画祭グランプリを受賞。『サンセット大通り』『アパートの鍵貸します』『麗しのサブリナ』『お熱いのがお好き』などの代表作、受賞作多数。軽妙なコメディを主とした作風で知られる。

★24 スクリューボール・コメディ……1930年代初頭〜40年代にハリウッドで流行した映画ジャンルのひとつ。風変わりな男女の恋を、スピーディな展開とおしゃれな台詞で描くコメディ作品を指す。従来の蠱《こ》惑的《わくてき》な女性ではなく、男性と対等に渡り合う女性像が描かれるが、最終的にはハッピーエンドに落ち着くことが多い。破天荒な行動を取る男女を、クリケットや野球の変化球であるスクリューボールになぞらえ、この呼称がついた。フランク・キャプラ監督『或る夜の出来事』やハワード・ホークス監督『赤ちゃん教育』などが代表的な作品としてカテゴライズされる。

ダーを知らない人もいるし、下手したらスピルバーグ★25も見てなかったりする。一般の人ならそれでもいいんだけど、この仕事をしている人ならスピルバーグくらいは見てほしいと切に思う。

是枝 増えてますよね。自分の周りには必ず「見ろ」と言いますけど、「スクリューボール・コメディって何ですか?」って逆に聞かれたりする。その人たちが自分の作品に関わると、自分の意図と違うものが出てきてしまう。三谷さんとしては、そこは教育されるんですか?

三谷 しないです。結局は、同年代の人としか仕事しなくなってきますよね。僕もこの年になって、あえて20代30代の人たちと仕事をしてみたいと思うことはあります。そのほうが絶対いい。向こうから刺激ももらえるだろうし、こっちが刺激を与えることもできる。でも共通言語がないからストレスが溜まるんです。このままやってても絶対に良いものはできないなと思うと、結局自分と同年代に戻ってくるんですよね。今はまだ過渡期のような気がするけど、これから僕はどうなっていくんだろうって、すごく感じますね。

是枝 それは僕も同じです。若い人たちとは、言ってしまうと見ている量が違う。今の

★25　スティーヴン・スピルバーグ

……1946年生まれ。アメリカ出身の映画監督、映画製作者。SF、ホラー、ミュージカル、ヒューマンドラマ、戦争ものなどありとあらゆるジャンルの映画作品を手掛ける。93年ユダヤ系アメリカ人である自分の出自ともリンクした『シンドラーのリスト』でアカデミー作品賞と監督賞を受賞。98年『プライベート・ライアン』で二度目のアカデミー監督賞を受賞。『E.T.』『インディ・ジョーンズ』シリーズ、『ジュラシック・パーク』シリーズ、『フェイブルマンズ』など多くの人気作品を監督し、『ポルターガイスト』『バック・トゥ・ザ・フューチャー』『硫黄島からの手紙』など製作に携わった作品も多い。2001年には英国王室よりナイト爵を授与された。

若い人たちって、配信で流れてくるものは見るけど、歴史には興味がないから、昔のものを遡《さかのぼ》って見ないんですよね。だから単純に、「昔の作品も見ろ」って言っちゃうんだけど、そうすると自分も年をとったんだなと思うんですよね。

三谷 不思議なのは、僕らが若いときって、昔の作品も見てましたもんね。

是枝 見てたと思うんですよね。今はもう、量が多過ぎるのか——。

松岡 監督は今、自分の作品が届く相手のことをどれぐらい考えてらっしゃいますか？

是枝 量のことは考えてもしょうがないので、考えないようにしてます。あと、最近は見なくなったけど、自分の作品がどう広がっているのか、なぜこれは広がらないのかを考えるために、ヤフコメを見ていた時期があるんですよね。そうするとさ、「頭を使って疲れるから見たくない」って意見が結構あるんですよ。

松岡 それはすごくストレートなご意見ですね。

是枝 「何かを考えさせるような作品はエンタメじゃない」とかね。何も考えたくないってところで止まられると、もっと能動的な楽しみ方もあるのになとは思うんだけど、あんまり気にしないようになりました。僕も三谷さんと同じで、自分が見たいもの、自分が楽しいものをストレートにやろうってことしか考えてないですね。

松岡 モチベーションは何ですかと聞かれたときに、私は「自分のため」と言い切れないところがあったんです。自分の原動力は何なんだろうってことを整理してみると、生きるのがしんどい人や、明日を迎えるのがつらい人の目線を先に延ばせないだろうかと。「映画の公開が10月にあります！」とか、ドラマであれば「毎週この曜日のこの時間に会いましょう！」と、目線を先に延ばすことができるのが娯楽なんじゃないかって、コロナが始まって特に考えるようになったんです。でも、お二人がおっしゃった「自分が見たいものをつくる」ということは、私が今向き合うべき感情だと思いました。

是枝　作り手が面白がってなかったら、その作品は絶対に届かないと思います。三谷さんの作品はどれもそうだけど、こういうものを面白いと思っている作家がつくっているんだってことが伝わってきますよね。自分は面白がってないけど、誰かを楽しませたいってことになってくると、代理店のにおいがしてくる。

やりたいことしかやっちゃダメ

三谷　僕たちは脚本《ホン》を書いたり、演出したり、いろんな術《すべ》で自分のやりたいことを表現できるけど、俳優さんは演じることしかできないじゃないですか。そこは逆に松岡さんに伺ってみたいところなんだけど。作家の書いた脚本《ホン》を演じるなかで、自分のやりたい、表現したいというモチベーションをどうやって、そこに織り込んでいってるんですか。

松岡　最近思うのは、脚本の中に「馬鹿」って台詞が出てきたとしますよね。ここで「馬鹿」と言ってしまうと、相手を尊重してないなとか、役に沿ってないんじゃないかと思ったときは、心の中で「馬鹿」を「おばか」に変換するようにしてます。そういうふうに考えるようになったきっかけは、『コウノドリ』★26で吉田羊さんとご一緒したときなんです。その作品の中に、命の考え方で対立している二人に、吉田羊さん演じる助産師さんが「そっか、二人はそう思ってるんだね」と言う場面があったんです。最初に脚本で読んだとき、その言葉は二人を批判する言葉だと私は受け取っていたんです。第三の立場から、「二人はそう思ってるんだね、私は違うけど」と批判している台詞だって。でも、羊さんが演じると、二人を認める台詞に変わっていたんです。同じ台詞でも、俳優さんの捉え方や豊かさひとつで変わってくるんだなって。どんな脚本であっても、私がしっか

★26　コウノドリ……2015年にTBS系で第1シーズン、17年に第2シーズンが放映された医療ドラマ。鈴ノ木ユウの同名漫画をベースに、産科医療をめぐるさまざまな問題を提起する内容となっている。松岡は若手産科医・下屋加江を、吉田羊はベテラン助産師・小松留美子を演じている。

り解釈することができれば、伝わり方を変えられると思うんです。そこに今はやりがいを感じています。

三谷 なるほど、解釈なんだね。

松岡 あとは、役の代弁をしてあげたいと思ってます。役の代弁をすることは、今その状況に置かれている人たちを代弁することになると信じてるから。

三谷 確かに、僕が書いた脚本を俳優さんが演じてくれない限り、みんなに伝わらないわけだからね。俳優さんに必要なのは、脚本に書かれた作者の思いを100パーセントもしくはそれ以上、見る人に伝えるための技を持つってことなんですね。

松岡 私はお二人のことが大好きで、それでこの、俳優という仕事に就いているのはとても幸せなことだなって、最近思うんです。だって、お二人のつくる世界には、どうしたって俳優が必要でしょう?

是枝 はい。優れた俳優が。

三谷 そう考えると、僕はものすごくラッキーです。僕からは一回もオファーしてないのに、松岡さんにこんなに自分の作品に出ていただいて(笑)。

松岡 私、ちょっと愛されてると思ってました。

三谷 もちろん愛してますよ、愛してますけども——。

是枝 でも、結果的に三谷さんの作品が松岡さんのことを愛してるんだと思います。松岡さんの捉え方というのは、僕も三谷さんも似てると思いますよ。松岡さんを樹木希林さんに会わせたいと思ったのは、「この人はきっと、おばあちゃんになってもこの仕事をするだろうな」と思ったからなんですよ。作品におけるポジショニングは違うかもしれないけど、樹木希林さんと会ったということはきっと、この先10年、20年後にも残って活きると思ったから、それで出会わせたんです。そういう感覚で松岡さんを見てるのは同じだと思う。

松岡 ありがとうございます。だから、お二人には長生きしてもわらないと。

是枝 でも、松岡さんがおばあちゃんになるまでは撮れないからね。

三谷　あと何本ぐらいおつくりになる予定ですか。

是枝　三谷さんはやりたいことで溢《あふ》れてるでしょう。

三谷　やりたいことはありますけど、リアルに今後のことを考えると、数えちゃいますね。監督さんだと、ビリー・ワイルダーもそうだけど、ウディ・アレン★27とか、イーストウッド★28とか、年とっても映画を撮ってる人もいますよね。

是枝　90過ぎて映画監督やってる人もいますけど、やっぱりこう、ゆるやかに落ちていくじゃないですか。こんな話をしてるってことは、まだ自分は落ちてないと思ってるんだけど、ここからいろんなものが落ちていく。だから、どの作品をどのタイミングで実現するかってことは、毎年お正月に考えますね。

三谷　確かに、「これは80過ぎてもやれそうだから取っておこう」っていうのはあるかもしれない。

是枝　だから、「これは先送りにして、体力がある60代前半のうちにこれだけはやろう」みたいに並べ替えをするんですけど、それでもやっぱり、できてあと10本ですよね。10本撮ったら75歳を超えるから、そこから先のことは考えてもしょうがないし。だからもう、休んでる場合じゃないなと思います。

三谷　年々、ドキドキしてくるんですよ。舞台ももちろんやりたいし、映画もつくりたいし、ドラマもやりたいけど、残りの人生をどう割り振っていけばいいんだろうと考えちゃうとね。僕はわりと義理堅いので、恩を感じる人の仕事は率先してやってたんですけど、そんなこと言ってられなくなってくる。「あいつは薄情者だ」と言われても、ほんとにやりたいことしかやっちゃダメだと思うようになりましたね。

松岡　人生って長いなと思っていたんですけど、きっと長くないんですね？

三谷　長くないです。

★27　ウディ・アレン……アメリカ出身の映画監督、俳優、脚本家、小説家。１９７７年の『アニー・ホール』でアカデミー作品賞、監督賞、脚本賞を受賞。その後も１９８６年『ハンナとその姉妹』、２０１１年『ミッドナイト・イン・パリ』でアカデミー脚本賞を受賞。その他多くの映画祭でも受賞歴がある。作品は、自分の住むニューヨークをテーマにしたコメディを多く描いている。

★28　クリント・イーストウッド……アメリカ出身の俳優、映画監督、映画プロデューサー。俳優として『ダーティハリー』シリーズや多くの西部劇で人気を博す。監督作品も多く、１９９２年『許されざる者』、２００４年『ミリオンダラー・ベイビー』でアカデミー作品賞と監督賞を受賞。カリフォルニア州カーメル市長を務めた経験を持ち、戦争やジェンダー問題など社会派のテーマを映画化することも多い。

是枝　年とともに短くなっていきますよ。時間が欲しいときになって、短く感じるようになってくる。

三谷　ほんと、ベンジャミン・バトン[★29]に憧れますよ。年をとればとるほど若くなっていくなんて、最高じゃないですか。ところで勇気を持って聞きたいんだけど、松岡さんからすると、僕らはどれぐらいのイメージなの。長生きしてほしいとか言うってことは、相当なおじいちゃんに見えてるの？

松岡　いえいえ、お父さんです。お二人のことが大好きだから、お二人が作品をつくろうと思って地図を広げたときに、「ああ、松岡茉優がいる」とピンを刺してもらえる俳優になりたいです。うまいとか下手だけではなく、面白いと思ってもらえる存在になりたい。私、50代ぐらいがすごく面白くなる予定なので、お二人には長生きしていただきたいです。

★29　ベンジャミン・バトン……『ベンジャミン・バトン　数奇な人生』（２００９年日本公開。デヴィッド・フィンチャー監督）でブラッド・ピットが演じる主人公。80代の男性として生まれ、徐々に若返っていく数奇な人生を送る。

★写真　質問したいことを忘れないようにと、腕にメモした松岡。

三谷さんと是枝さん

奇跡みたいなものだと思う。でも、奇跡という言葉は使わないようにしてきた。その言葉を使えば、きっと叶《かな》わないと思ったから。もしあのときの自分に声がかけられるとしても、絶対に教えない。教えてしまったら、この奇跡はなくなると断言できる。それくらい今もあやうく、この先もあやういもの。

お二人の世界に入るというのは、私の中でそういうものだ。

中学校から高校に上がるころ、私は俳優になりたいのかどうか悩んでいた。子役だったのだから、当然目指していたのでは？と思われるだろうか。

子役出身なら誰しもが俳優を目指すかというと、そうではない。共に子役として、幾度となくオーディションで会っていた友は声優さんになったし、アイドルになった人も、裏方になった人も。

いわゆる芸能界というものに所属し続けていても、さまざまな職に就いている。

学校で進路希望を書くころ。ちょうどそのくらいに、子役だった人たちは、おおよそみんな考えたと思う。本当に、これで食べていくのか、と。

私もそうだった。うだつの上がらない子役時代を経て、中学生になり、初めてとってもらえた仕事が、子供向け番組『おはスタ』でのおはガールだったこともあり、バラエティタレントさんになりたいと思う時期もあった。子役の主な仕事であるどなたかの幼少期ではなく、当人として評価してもらえたと感じたことは、13歳の少女にとって重要だった。生業《なりわい》にしたいことの区別がついていなかったところもあると思う。

白状するが、私は映画そのものが狂おしいほど好きで俳優を目指したわけではない。今でも、子供から大人まで楽しめるような作品を好むし、映画館に足を運ぶのもそういう映画が多い。

このころの私は特に、名作と呼ばれる作品をほとんど観ていなかった。

わが家では、毎週のようにTSUTAYAに行き、観たい映画を2本ずつくらい借りてもらう習慣があったのだが、ある日、『ラヂオの時間』と『ワンダフルライフ』が目についた。三谷幸喜さんと、是枝裕和さん。映画好きとはいえない少女でも、お名前を知っていた。なんか、今観なくてはいけない気がする。本当はドラえもんとNARUTOを借りるつもりだった二枠を、この二つに決めた。

映画を観たあと、感想を書き殴ったことを覚えている。この感覚、感じた気持ちを忘れたくない。時間を忘れて観ていたのに、この気持ちの残りようはなんだ。心が震えていた。同時に怖くなった。私が目指したいかも、と思っている俳優というのは、この世界に入るということなのか。私で通用するわけがない。この中に、入れるわけがない。

当時、お芝居のレッスンなどにも参加していた私であったが、自分はお芝居が苦手なのだと思い込み、評価されることから背を向けていた。苦手だから、と手を挙げずにいれば、評価されることもなく、土俵に上がらないでいられると思っていたのだろう。

いずれまた、そのときのことを書けたらと思うのだが、私はあることをきっかけに、俳優を目指すことを決めた。簡単にいえば、お芝居が好きだという自分を認められるきっかけがあったのだ。苦手と思い込んで、好きという気持ちに蓋をしていたことに気がついてからは、自分の下手さと向き合うことができた。

心の交通整理ができた私は、あのとき、あの二作品を観て、心が震えたその先を想像することができた。このお二人の作品に出演することを、目標としよう。

誰にいうわけではなくても、俳優を志す前の私にはできないことだった。目標にしてしまったら、叶わない可能性のほうが高くても、掲げたものを下ろすわけにはいかなくなるから。

ここまで書いていて、なんと利己的な思いだろうと頭を抱えるが、当時の私には必要なめじるしだった。あそこまで行くぞ、という指標であった。

なぜお二人の作品に出たいと願うのだろうか？　28歳の私が因数分解すると、お二人の叶えたい世界を出現させるためには、有難いことに俳優が要る。その世界を出現させるために、それができる俳優になりたい、と思うから。お芝居が、うまくなりたいのだ。

そういう意味で、まだあのときの目標が叶ったわけではない。私はこの先、お二人の叶えたい世界を出現させられる一人となる。そのときまで、旗は掲げたままである。

あぁ、思い込み

またやってしまった。何年ぶり何度目なのかはわからないけれど、人生で少なくとも5回はやっている。

初めてやったのは小学3、4年生のころ。私の所属する事務所では当時、事務所主催のレッスンがなく、希望する人は提携する児童劇団のレッスンを受けに行かせてもらえた。毎週日曜日に、お芝居はもちろん、日本舞踊、ダンス、お仕事先の人と接するためのマナー講座など、代わる代わる先生がやってきて、教えてもらうことができた。

「私のオーディション」でもお話しさせていただいたが、私はとことんオーディションに受からなかったので、とりわけお芝居のレッスンがうれしかった。演じていいテキスト、演じていい役。お仕事ではなく、レッスンだとしても、自分に役がもらえることがとてもうれしかった。

忘れもしない。お芝居のレッスンで最初に配られたテキストは、きょうだいの何気ない会話劇だった。私は児童劇団のなかではお姉さんだったので、姉役をいただき、ペアを組むことなった弟役の男の子と、セリフを合わせていく。その日は二人でセリフを合わせるところで終わり、次回までにセリフを覚えてくるようにと言い渡された。
私は翌週まで、家でたくさん練習をした。弟役の男の子はユウジくん（仮名）という名前だったけれど、私のなかではもう弟であり、役名が名前だった。ケンタ、とかだったかな。

翌週のレッスンでは、それぞれきょうだい役となった五組ほどが、練習したものを一組ずつ先生に見ていただくことになった。1時間の授業なので、各ペアが披露できるのは一度きり。確か、良かったペアは授業の終わりにもう一度やらせてもらえた。私はその〝良かったペア〟ではなかったけれど、役として過ごせる時間はかけがえのないもので、充足感があった。他のペアの講評がされているときも、休憩中も、私はユウジくんのことをケンタと呼んだ。これからの人生で、私は何人の役を演じさせてもらえるのかわからないけれど、私は一生、彼の姉であり、彼はケンタなのだと思った。それはこの先ずっと、事実として残り、変わらないものだと思った。

そのまた翌週のレッスンでは、新しいテキストが配られた。もうちょっと、あのテキストをやりたかったな、と思いながらも、私は新たにいただける役がうれしくて、ほくほくと配られたテキストを読む。
今回はお友達同士の会話劇なので、私のケンタは別の男の子との組み合わせになった。仕方ないよな、と納得しながらも寂しさが残り、さっそく練習を始めるわが弟に目を細める。がんばれ、ケンタ。

私がケンタを見つめていると、私とペアになった女の子が
「小さい子同士のペア、かわいいよね。ユウジのほうがお兄さんかな」

と話しかけてくれた。私も微笑みながらうなずき、

「ね、かわいい。まぁ、ユウジくんは、ケンタでもあるけどね」

とやんわり訂正をした。ユウジくんが、ケンタであった時間は確実に存在したから。ユウジ、と言い切られるのは切ない。私のケンタは、そこにいる。

「え？　なんで？」

彼女は不思議そうにこちらを見ていた。ああ、そうか。ユウジくんは芸名で、本当の名前はケンタなのかしら、なぜ先々週入ったあなたがそれを知っているの？と思わせてしまったのかもしれない。

「あ、ほら、きょうだいのテキストで、ケンタ、だったから。ほら、私の弟だから」

慌ててそう言うと、彼女はもっと不思議そうな顔をした。

「え、うん」

「え、だから、先週、私たちきょうだいだったから。それでケンタ、だから」

「あはは、うん、じゃあ、私たちもやろうか」

彼女はスペースを見つけてそこへ座り、怪訝《けげん》な顔をしながらぶつぶつと練習をはじめた。

あれ、そうなのか。もう、ケンタではないのか。たった1週間、7日前はケンタだったし、私の弟だったけど、違うのか。そういうものなのか。

私よりずっと前からここに通っている彼らは、そうやってたくさんの役を演じ、役と別れてきたのか。お芝居をするって、そういうことなのか。

私は自信満々にケンタだと訂正したことが恥ずかしいやら、悲しいやらで、顔を真っ赤にしながらその子の隣で練習を始めた。


大人になるまでも、なってからも、たくさんの役と出会わせてもらい、演じてきて、一人一人がやはり愛おしい。でも、いつまでもその役と、その役の周りにいた人と、同じ関係性だとは思っていない。というか、思わないようにしている。大人だし。

しかし、作品によっては、うちらはもうずっとこの関係性かも！　と感じられることがある。そして、そう感じたのはきっと私だけじゃないはずだと、信じられることがある。


とある現場でご一緒したその方は、私にとってはまさにそういう関係性で、その方にとって、私もそうであると思い上がっていた。

先日、久しぶりにお会いして会話を交わすなかで
「だって、私はあなたの〇〇じゃないですかぁ」

と、当時の役の関係性を示した。きっとその方も笑いながら同意してくれると思っていたのだが、

「うん？」

その方はとても不思議そうに私を見ていた。あのときの、彼女と同じ顔だった。

手紙で伝える

いつからか。もしかしたら、物心ついてからずっと、一番気持ちが伝わる手段は、「手紙」であると疑わずに今日まできた。

私にとって最初の手紙はたぶん、幼稚園や保育園で書く、家の人へ向けたものだったはず。すごく喜んでくれたような気がするが、手紙への信頼が確定した瞬間ではなさそうだ。

遠く離れた親戚がいたから、たまに手紙を書いていたのか？　もしくは、初孫だったこともあり、「〇〇さんありがとう」みたいなものを、ときたま書いていたのだろうか。「お手紙書こっか！」という母の声が聞こえるような、聞こえないような……。

なぜ私がこれだけ手紙を信頼しているのか、きっかけはさっぱりわからないけれど、どんな手段より、手紙が一番だと思っている。

まずいただくであろうご意見からお答えしていこう。

「手紙じゃ表情がわからないよ。直接会って、相手の顔を見ながら話すのが一番だろう」

というご意見。確かにおっしゃる通りだが、やや意地悪なものの見方をすれば、直接推しの方はきっと、相手の表情の変化を気にせず、お話ができるのだな、と思う。ビクビク族からの意見を言わせてもらえば「相手の表情が見える」ことは、必ずしも加点ではない。もし、自分の話に退屈してしまい、時計や携帯を気にし始めたら。大事な話を切り出したい場面で、怖い顔をされたら。自分にとってセンシティブなことをお伝えする場面で、ちょっと笑われたりでもしたら。もう、続きなんて話せない。話せたとしても、相手の表情が少しでも柔らかくなるように、言いたくないことや、言うつもりのなかったことを口にして、後悔するのだ。

次に多いであろうご意見はこれだろう。

「やっぱり電話だね。声のトーンで相手の気持ちがなんとなく読めるし、同じ場所に集まる必要がなくて、タイミングさえ合えばいつでもかけられるじゃない」

おっしゃる通りである。ビクビク族からしても、表情が見えない分、気は楽である。しかし、携帯電話を通した声が、自分の声そのものではないことをご存じだろうか？　電話というのは、声の波形をもとに、さまざまな工程を瞬時にこなし、話し手の声に一番近い音声データ相手の電話機に流しているのだ（機種やアプリによって違うから調べてみてください）。

「この人、電話だとちょっと厳しいんだよね」とか、「なんか怒ってた？」などの経験はないだろうか。おそらくそれは、あなたのせいでも、相手の虫の居所が悪かったわけでもない。単に、音声データがそう聞こえさせただけかもしれないのだ。

電話派にはもう一つ聞いていただきたい。電話越しの相手が、何をしているかわからないということ。

ここが電話の危険なところだと思う。

相手が家にいるときであれば、やかんが沸騰したタイミングで、重要な話を切り出してしまっているかもしれない。相手が会社にいるときであれば、苦手な人が前を横切っているタイミングで、お願いごとを切り出してしまっているかもしれない。相手が外にいるときであれば、「あ、今走れば横断歩道渡れるな」というタイミングで、一番伝えたいことに踏み込んでいる懸念もある。相手が何をしているかわからないというのは、話の内容が肝心であればあるほどに、不確定要素が多いように思う。

そこで、手紙だ。

手紙ならば、相手の表情を気にすることもなく、もっと言うと、自分の話したい流れを止められることもない。そして何より一押しなのが、自分と相手の時間を合わせてもらう必要がないこと。相手にとって最適な、今読もうかしら、というタイミングで読んでくれている分、何かに妨《さまた》げられる心配もほとんどない。もしも途中で読めない状況になれば、一度手紙を置いて、あとで読み返してくれるだろう。たとえ何かの作業中に読み始めたとしても、内容の重さによっては、手を止めて読んでくれるはずだ。

そして想像しているよりははるかに、手紙には気持ちがこもる。私は自筆に自信があるわけではなく、どちらかというときれいなほうではないのだが、なかなかどうして、伝えたい思いが強かったり、はっきりしているときほど、誠実な字になる。きれいではなくても、気持ちの伝わる字が書けるものなのだ。

たとえば書類を見ながらの打ち合わせなら、直接会うのがベストだと思うし、スピードを優先させたいときには、電話には敵わない。私にとって、手紙は奥義である。

ここぞ、というとき。会って話す自信がなかったり、電話で話しても伝わりきらないと思ったときに、手紙がお出ましするのだ。

今まで、これは手紙だな、と思った場面で手紙を書いて、不服な結果に陥《おちい》ったことがない。好転しなかったことも、解決しなかったことも、もちろんあったけれど、気持ちだけは伝わってきたと思う。

大丈夫。きっと伝わるから。わかってもらえなくても、あなたが書くことに費やした時間も、思いも、形として残るから。渡す前に写真に残すことを忘れずに、ここぞというときには、手紙という手段を使ってみてほしいと、私は思う。

あなたへ

チーム「しんどい」のみんな、深呼吸してる？　ほんと、毎日参っちゃうね。良いときは30分、悪いときは8秒に一度、嫌なことを思い出すか、嫌な想像をするか、不安で胸が掻《か》きむしられそうになるよね。

嫌なことを思い出したときの対処法は身につけ始めたよ。それはね、何かを食べればいいんだ。満腹にすると、不思議と嫌な思い出はよみがえりづらくなる。

嫌な想像をしたときには、とことん想像させてあげることにした。その妄想は止まらないから、クライマックスまで見てあげるしかないよ。エンドロールまで流してやれば落ち着くからさ。

困ったのは、不安で胸が掻きむしられるとき。何が不安なのか、すぐに原因が見つかったなら、安心させるための一手を探すこともできるからまだ良いのだけど、何が不安なのか、理由が思い当たらないとき。こればっかりは、もう、どうしようもない。何かに集中しようが、気を逸《そ》らそうとしようが、のぺり、とそいつがつきまとう。私が今、まさにその状態。

だから、チーム「しんどい」のみんなに宛てて、私が日々実践している対策を共有しようと思った。

普段は言葉遣いに気をつけているつもりだけど、今回は友達みたいに話させてもらう。同種のみんなに、仲間として。

近年のヒットはある絵本から。『だいじょうぶだよ、モリス』という絵本。その絵本の主人公モリスは、新しい幼稚園に転園するのが不安で仕方ない。家族にこの不安を解消する方法を尋ねていくのだけど、モリスのお姉ちゃんの薦める解消法が、素晴らしい。簡単に説明すると、胸のなかにある不安を、くるくると回して遊んでいれば、そのうちどこかへ消えてしまうよ、というの。なにそれ？　と思うかもしれないけれど、一度試してみてほしい。今あるその不安の塊みたいなものを、くるくる、ぽーいっと、投げてみる。イメージするのが難しかったら、動作をつけるのもおすすめ。ちょぴっとずつでいいから、くるくる、ぽーいっと投げていく。するとなんだか、ちょぴっと不安が減る気がしないかい？　不安の全てが消えるわけではないけれど、私はこれで眠れない夜を何度も越えることができた。

最近発見して、続けているのは携帯の通知をオフにすること。特にメールやＬＩＮＥって、大好きな人からの連絡もあれば、しんどい人からの通知もあるじゃない。それが、時を選ばずにやってくるのって、実はかなり負担なのでは、と考えたの。

思い切ってオフにしてみたら、俄然、楽。自分が「お、今なら開けるぞ」ってときに開くから、ある程度覚悟もできているし、少しは余裕のあるタイミングで見られる。

ぽんぽんと、通知がきて、突き動かされるように携帯を開かなきゃいけないのって、つらかったんだって、やってみてわかった。いかに自分の休息の時間が生まれない方程式だったのかって。

注意が必要なのは、自分の返事が遅いことで、相手に不利益を生むことね。スピードが大事なやりとりをしているときは通知をオンに戻しているよ。あと、電話機能だけは常にオンにしてる。仕事のことでなにか急ぎの用事あるかもしれないし、他のことでもね。


そしてこのエッセイを始めて実感したのは、書くことで、心と頭がずいぶん整理されるということ。頭の中のもやもやも、晴れない思いも、書くことで整頓されるなぁと実感する5カ月だった。

これまでも、子供のころから書く習慣はあって、それが日記だったり、メモだったりしたけれど、エッセイという場で、人に見せるつもりで書くことで、私はこうしたかったんだ、って、自分の心に出合う感覚がある。


あと、人に読んでもらうって思うと、言葉を調べるじゃない。これ、使い方合ってるのかな？とか、この言葉は使いたくないのだけど、言い換えの言葉ってあるかしら、とか。調べてみると、新しい言葉と出合えたり、もともと使っていた言葉の本来の意味を知ったりする。そうするとね、自分が言いたかったことが、すでに載っているのよ。

きっと、大昔に、この言葉を使いたかった人がいたんだな。そして、何人もの人が使ってきたから、この言葉が今も残っているんだな、って思うとさ、一人じゃねぇなぁ、って思うのよ。

私はお金をいただいて書いているから、これ面白いのかな？　って、もちろんずっと不安だし、1年といわずに3カ月後の自分が見ても、恥ずかしい！　って感じると思う。でも、その気持ちを乗り越えてくるほどに、書くことで救われてるの。

だから私はあなたの文章が読みたいと思う。「しんどい」あなたが、誰かが読むと思って書いた文章。私はそれが読みたい。あなたが紡《つむ》いだ言葉たちが、また誰かの目に届いて、共感した人が、その言葉を使う。私やあなたの文章そのものは、１００年後、残っていないと思うけれど、私やあなたの使った言葉は、きっと残っている。

そう思ったら、本当に一人じゃなくない？

今日も眠れないね。

明日が来るのが嫌だね。

会いたくない人に明日も会わないといけなかったり、自分ではどうにもできない悩みが四方八方から押し寄せてきたり、こんなにしんどい毎日なのに、読んでくれて、ありがとう。

ネットの海をさまよって、きっとあなたの文章を見つけるから。

だから今日、なにかを書いてみて。それを読ませてほしい。

バーチャルお父さん

大切な人への贈りものに、似顔絵をプレゼントしたくなった。その人はなんでも持っていたから、なにかを買って差し上げるのではなくて、私の気持ちそのものを、渡したいと思った。

思い立ったはいいが、どんな紙に、どんな絵の具を使って描いたらいいのかわからない。調べてみると、例えば油絵具なら、何日もかけて乾かしながら描くようだ。何日もかけるのは構わないが、素人の私にとってそれがベストなのだろうか？　たぶん、比較的コツや経験が要らなくて、思いっきり描けるような画材がいいのだろう。となると、描きたいものと手の連動性がない私でも、わりと易しく描けるはずのクレパスや、色鉛筆というのもありだと思う。ただそれが成立するのって、お子様の特権ではないだろうか？　いい大人である私が、○○さんへ！と元気いっぱいに書いた絵は、額に入れてもいいのだろうか？

私は初心者であるにも拘《かか》わらず、「全然上手くないけど、なんかいい絵だね」と家の隅に置いてもらえるような似顔絵が描きたいという、無茶な思いがあった。

巷《ちまた》にはスポットで教えてくれるお絵描き教室もたくさんあるのだが、やはり短期となると、既存の絵を模写するものや、先方の指定した図案をもとに描いていくというコースが多い。

場所としても時間的にも可能そうな、何件かの教室へ電話をかけてみたのだが、やはり教室というのは、「描けるようになるための練習場」なのであって、「似顔絵を描きたいです。教えてください」というのはなかなか難しかった。というか、そもそも似顔絵って、「絵画教室」で習うものではないだろう。変な電話だったはずなのに、どこの教室の方も優しく対応してくださった。

ある教室への電話を切る間際で、講師の方に「そういうことなら、絵を描くお仕事をされていたり、絵の上手なお友達に助けてもらうのはいかがかしら?」と言っていただいた。

そうだ。私には、リリー・フランキーさんというバーチャルお父さんがいるではないか。ちょっと出過ぎたお願いに違いないけれど、リリーさんに絵を教えてもらうこと、その時間自体が尊《とうと》い。忘れられない時間になるはずだ。その時間が欲しい、と思った。

ちょっとご相談があるのです、テレビ電話できるタイミングありますか?の問いに、リリーさんは「うちのアトリエでお菓子でもする?」と誘ってくれた。

初めて訪れたアトリエは、リリーさんの体の中に入っていくような場所だった。最近どうなのという話をしたあと、早速私は本題を切り出した。

「あの、似顔絵をプレゼントしたくて、ご指導いただけないでしょうか」

「その人幸せだね。どんなの描きたいの?」

「なんか元気いっぱいのやつ」

リリーさんは、塗るの大変だからこのくらいかな、と言いながら私の手のひら4枚分くらいのきれいな紙を渡してくれた。

「まずは鉛筆で、どんな感じにしたいか、描いてごらん」

きれいな白い紙に、線を引いていく。元気いっぱいの方だから、お顔はどーんと真ん中に描きたい。

向かいに座り、肘をついて見守るリリーさんに甘やかされながら、その人のお顔を描いていく。

「似顔絵をプレゼントしたいっていうだけあって、なかなか上手いね。大胆」

イメージを先に用意しておいてよかった。大好きな人に、大好きな人が生業《なりわい》にしているものを褒められるというのは、なんとこそばゆく、うれしいのだろう。おしゃべりをしながら、下絵はあっという間に完成した。

◇

日を改めて今度は〝塗り〟の作業へ、またアトリエへお邪魔する。

「ペタペタ塗れるし、これがいいと思うよ」

たぶんここでごはんを食べたりもするのだろうな、と思しき机に、既に〝お絵描きセット〟を並べてくれていたリリーさんは、絵の具の入った棚をずるずるっと引っ張る。

・筆（大小さまざまなもの。というか、リリーさんはこれでお仕事をしてるんだよな、というのは考えない。考えると恐れ多くて使えなくなるから）
・色を変えるたびに筆を洗う琺瑯《ほうろう》バケツ（お水たっぷり。フチにぐるっと絵の具がこびりついていて愛おしい）
・梅の花型の器（小さい絵ならこれが一番使いやすいんだよ、と3枚貸してくれた）
・絵の具を組み合わせて色を作るための小鉢（薬味とかのせられそうな磁器。20枚くらい）
・絵の具を薄めるためのお水（ピューっと出る感じのやつ）
・ティッシュとウエットティッシュ（梅皿や小鉢についた絵の具を拭きとるのに使う。いちいち洗わない。敷居が下がって有難い）
・黒いサインペン（仕上げ用。縁取りはしてもしなくてもいいみたいだけど、私のような素人にとっては、塗りがはみ出していてもなんとなくまとまって、助かる）

大きな急須にお茶を入れて、私の持参した太巻きを齧《かじ》りながら、向かいに座ってくれた。濃い色をあとから塗れば、はみ出したとこをも直せるからと、薄い色から塗るように教えてくれたので、私は肌の部分から塗ることにした。その色はまだ使うから思いっきり絵の具出しちゃいな、など言いながら、私のぎこちない筆遣いを見ていてくれる。

1時間くらい塗ったところで、おれも仕事してるから、と、リリーさんはパソコンの置いてある机に座った。何かを書いているリリーさんの背中を見ながら、ペタペタと色を塗っていく。

音楽もなく、どこからか聞こえる家電の音と、リリーさんが何かを書く音と、私がバケツで筆を洗うピチャピチャ、という音だけが響く部屋は、あまりに居心地が良かった。永遠にも、一瞬にも感じるというのは、こういうことなのか。

私が没頭していると、リリーさんはお茶を温かいのに淹れ直してくれたり、冷凍のタコ焼きを出してくれたり、たまに向かいに座って眺めてくれたりする。ほとんど何も言わなかったけれど、一度だけ、私が背景になる色を塗っていて、横着して新しい色をつくらず、数珠つなぎに色を足していっていたときだけ、「色を混ぜすぎると汚くなるからやめなさい」と教えてくれた。

小さいお大福がコロコロと、小さい器に入れられて、ことんと目の前に置かれたころ、私は写真を撮っていないことに気がついた。会えばいつも写真を撮るのに、今日はまだ、撮っていない。「この前もらった大福。小さくて食べやすいでしょ」と言い、私の手の届く場所に大福を置いてくれると、リリーさんはまたパソコンの机に座ったので、私は目の前の情景を写真に残した。携帯の、パシャ、という音をこの空間には鳴らしたくなくて、持ち歩いているフィルムカメラで撮る。私が甘やかされ、散らかした目の前。私なりに気を使ったのか、リリーさんの背中は映っていない。残っているの

は、この写真だけ。あとは全部、私の心と体が覚えている。

さすがに女優の集中力だね、と笑ってくれたけれど、伺ったのが18時で、完成したころにはてっぺんを過ぎていた。貴重な執筆のお日にちだったのに。きっとお仕事も、いつも通りには進まなかっただろう。それなのに、今日だけで終わると思ってなかったよ、と褒めてくれるリリーさん。

見守られながら、やりたいことをやらせてもらえた。お茶を淹れてもらったり、食べ物をもらったりしながら、没頭させてもらった時間。集中するのを認めてもらえること、見つめてもらえること。これはきっと、親子間で得るようなものだと思った。

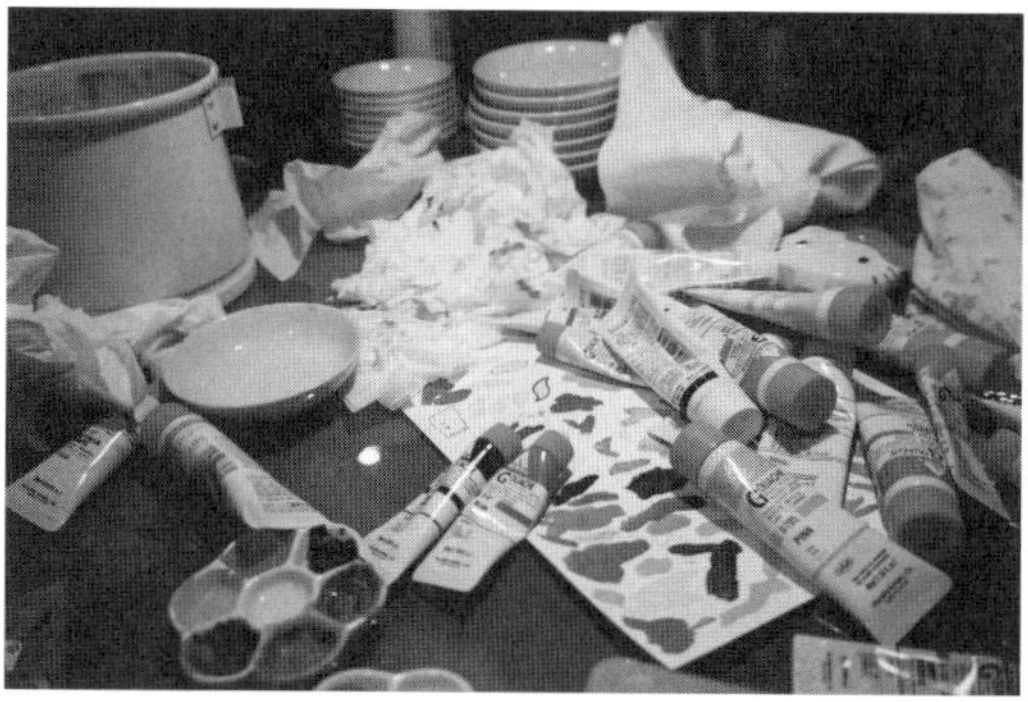

またね、とハグをして別れる。扉を開けたまま、私がエレベーターに乗るまで見送ってくれるバーチャルお父さん。次会うまで、ちゃんとご飯食べてね。たまにはごろごろ、休んでね。いい家事グッズ見つけたらまた持ってくるね。そんなことを考えながら、扉が閉じるまで手を振った。

対談
リリー・フランキーと新しいサインを考える

20周年を機にサインを変えたいという松岡。イラスト、デザインの分野でも活躍するリリー・フランキーさんに相談することに。

構成　橋本倫史

喫茶店の机に、スケッチブックと無数のペンが並んでいた。少し遅れてやってきたリリーさんに、「一息ついてからで」と、松岡さんがメニューを差し出す。この日、二人は、松岡さんの新しいサインを考えようと、喫茶店で待ち合わせをしていた。松岡さんはカフェ・クレームの砂糖少なめを、リリーさんはアイスコーヒーを注文する。

松岡　私は今年で28歳になったんですけど、8歳のときからやってるので、芸歴が20周年になりまして、これを機にサインを変えたいと思ってるんですね。元のサインは、リリーさんは「以前から疑問に思ってた」とおっしゃるけど、いちおう意味があるんです。

リリー　ああ、あれにも意味があったんだ？

松岡　高校生ぐらいのときに考えたんです。右肩上がりの斜めがかった文字で名前を書くことで、仕事も右肩上がりになりますように、と。

リリー　8歳のときからこういう仕事をしてると、高校生で右肩上がりを意識するようになるんだ（笑）。

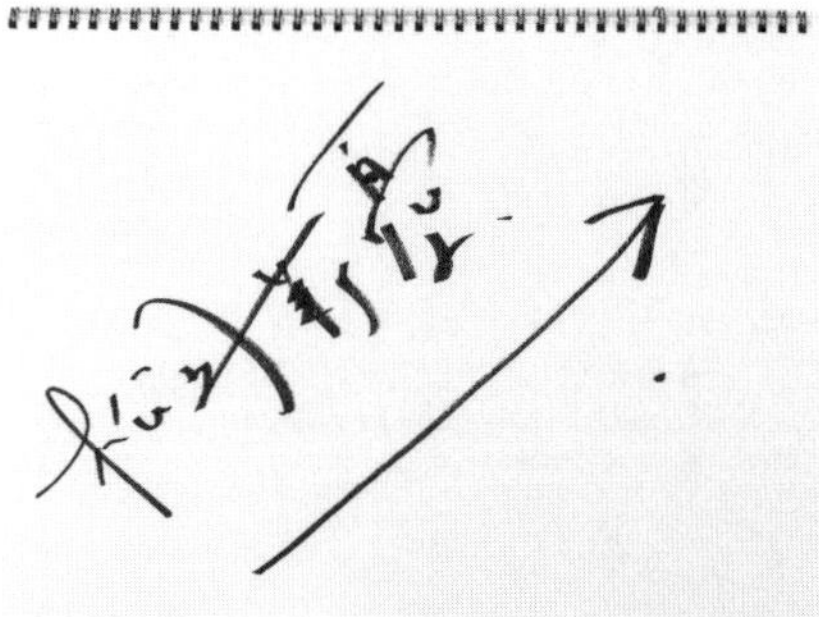

松岡　このサインにしてから、少しずつ右肩上がりになったと思ってて、私。だから、また願いを込めたサインを考えたいです。

リリー　もう右肩上がりで上がってきたわけですから、斜めに書くのはよくないと思うんですよ。サインって、色紙に書くことが多いでしょう。日本語で斜めに書くというのは、色紙だと見栄えが悪くなる。

松岡　なるほど。これも一枚の絵と考えるんですね。

リリー　ただ、茉優の名前は字画が多いから、サインにしにくいんですよ。茉優っていう字だけでも何画あるんだ？

松岡　習字のときは黒く潰れちゃうタイプでした。それに、そもそも「まゆ」って正しく読んでもらえないこともありますからね。

リリー　茉優っていう字面《じづら》はすごくきれいなんだけどね。昔、流行ったんですよ。「茉」という字を使ってるお店も多かったし、当て字にはすごくいい字なんでしょうね。

松岡　「茉」の字は好きなんです。でも、こんなに画数ありますからね。

リリー　漢字でいくなら、縦がいいと思うんですよ。漢字の名前を横書きにすると、ちょっとチャイルディッシュに見える。ただ――「松岡茉優」っていうのは大女優系の字面だから、こうやって縦に書くと、大御所感が出ちゃう。大人になったとはいえ、まだ20代なんだから、

リリー・フランキー

1963年生まれ。イラストやデザイン、文筆、音楽、俳優などマルチに活躍。2005年に発表した初の長編小説『東京タワー　オカンとボクと、時々、オトン』は220万部を超えるミリオンセラーに。絵本『おでんくん』はアニメ化もされた。俳優としては、映画『ぐるりのこと。』（08年）でブルーリボン賞新人賞、『そして父になる』（13年）で第37回日本アカデミー賞最優秀助演男優賞、松岡と共演した『万引き家族』（18年）では優秀主演男優賞を受賞している。

全部漢字で縦書きにすると、ちょっと重くなるよね。あと、書くのに時間かかる。

松岡　そう思います。3文字のお名前なら縦に書いても素敵だけど。

リリー　元からひらがなだったら別だけど、30歳を前にして「松岡まゆ」とサインをひらがなにするのも違うじゃないですか。あとは、茉優がサインというものをどういうふうに思っているかなんだよね。サインを見て「松岡茉優のサインだ」と読まれたいのか、読めなくてもいいのか――。例えば大谷翔平のサインなんて、横に大谷がいないと、誰のサインかわからないでしょう？　野球選手はボールに一瞬で書くから、細かいものを書かないわけですよ。

松岡　私はほら、顔もそんなに特徴がないタイプでしょう？　覚えてもらいにくいタイプだから、サインぐらいはパッと見て「ああ、この人知ってる」と思ってほしいんです。

リリー　ほんとにわかりやすく、まったく字を流すこともなく「松岡茉優」とだけ書いてあると、「この人、ほんとに生真面目な人なんだな」と思うよね。街のお好み焼き屋で並んでいるサインを見たときに「真面目な人なんだ」と話題になるはず。福山（雅治）君は、ローマ字で「masaharu fukuyama」ってサインを横に書くんですよ。でも、「もし読めなかったら心配だから」って、下に漢字で普通に「福山雅治」と書き添えるの（笑）。「だったら、漢字だけでよくない？」って僕は言うんだけど。

松岡　大スターでもそういうことを考えるんですね。でも、気持ちはすごくわかります。

　試しにローマ字でサインを書いてみようと、松岡さんはサインペンを手に取り、筆記体ではなく活字体でしっかりと名前を綴《つづ》る。隣で見ていたリリーさんが、「ちょっと、ヒッチハイクじゃないんだから」と笑う。「せっかくだから、ちょっとかわいらしい感じにしたいじゃないですか」と、リリーさんもペンを手に取る。

リリー　例えば、こうやって「Mayu」と「Matsuoka」の「M」を一個に統一して、ここにちょっと、茉優の顔を描くとかね。でも、さっきのヒッチハイクの字を見る限り、筆記体で流ちょうに書けそうにないね。

松岡　書けないと思う……ちょっと練習します。一回鉛筆でなぞって練習したほうがいいですか?

リリー　真面目過ぎるんだよ（笑）。ペンで練習しないと意味がないから、ペンで書きましょう。ローマ字で書く場合、なるべく字をつなげると一気に書けるから、時間はかからずに済む。

松岡　こんな感じ?

リリー　これはこれで味があるけど――そっか、左利きだから、筆記体を書くのが難しいのか。

松岡　そうそう、左利きなのもあるんです。

リリー　だったら、さっきのこのサインでもいいと思うけどね。

松岡　やだ、「ヒッチハイク」って言ったじゃない（笑）。

リリー　「テキサスまで!」みたいな感じでね（笑）。それはそれで、性格が出ていていいと思う。茉優のサインを見た人に、「ほんとは素直でいい子なんだ」とわかってほしい。今、首から下げているこのイヤフォンも、茉優にもらったやつなんですよ。もう5年以上使ってます。

松岡　このイヤフォン、音がいいんですよね。

リリー　茉優はね、ちゃんといいモノを教えてくれる。ちょっと先輩のところに挨拶に行くってなったら、茉優に連絡して、「今、銀座のこのあたりにいるんだけど、いいおもたせない?」って聞くんですよ。そうすると、「そこにいるんだったら、あそこのこれがいいと思います」と教えてくれる。飲んでいる水とか、食い物とか、常にいいモノを知っているんです。

松岡　おいしいものと、助かるものが大好きだから。

リリー　うちにある掃除道具も、かなり松岡セレクションですよ。そうやって、人から頼りにされる人なんです。ただ、8歳からこの世界にいると変な貫禄がついて、最近はこの人の優しさやかわいげが伝わってないんじゃなかろうかしら、と思うのよね。

　リリーさんがアイスコーヒーを飲み干すと、松岡さんはさりげなく「次はあったかいのにします?」と声をかける。「じゃあ、それにします」と、リリーさんは松岡さんが飲んでいたカップを指さし、カフェ・クレームを砂糖少なめで注文した。二人の話を聞いていると、サインというのはただ名前を書き記すものではなく、人柄がにじむものなのだと感じる。

リリー　まだ秋元康さんに会ったことがないときに、祐天寺のちっちゃな中華屋で秋元さんのサインを見かけたんですよ。そのサインを見て、「この人、絶対いい人なんだろうな」と思ったの。

松岡　そういうのがいいな。どんなサインだったんですか。

リリー　普通に読める字で、「川の流れのように　秋元康」と書いてあるんですよ。初めて秋元さんに会ったとき、「なんで『川の流れのように』って書き添えたんですか」と聞いたら、「それを書かないと、僕が何をしている人なのか、わかんないと思ったから」って言うんですよ。その時点でとんでもない質と量の仕事をしてるのに。そして、「あの曲は美空ひばりさんに書かせてもらった、自分のなかでも大切な曲だから」と。それを書いちゃうのが素直ですよね。だからもう、茉優も「勝手にふるえてろ　松岡茉優」とかね（笑）。

松岡　でもね、私もサインの横に、いつも一言ずつ添えるの。それも全部斜めに書いて、相手のお名前だけまっすぐ横にしてます。

リリー　もう、右肩上がりにはしなくていいと思うけど——松岡さんはお若いんで、やっぱりまだ横ですね。縦にすると、どんだけ省いても大女優感が出てくる。あと、秋元さんのサインみたいに、会ったことがなくても「この人はきっと、いい人なんだな」と思えるサインにしたいですね。

松岡　リリーさんのは、どんなサインでしたっけ？

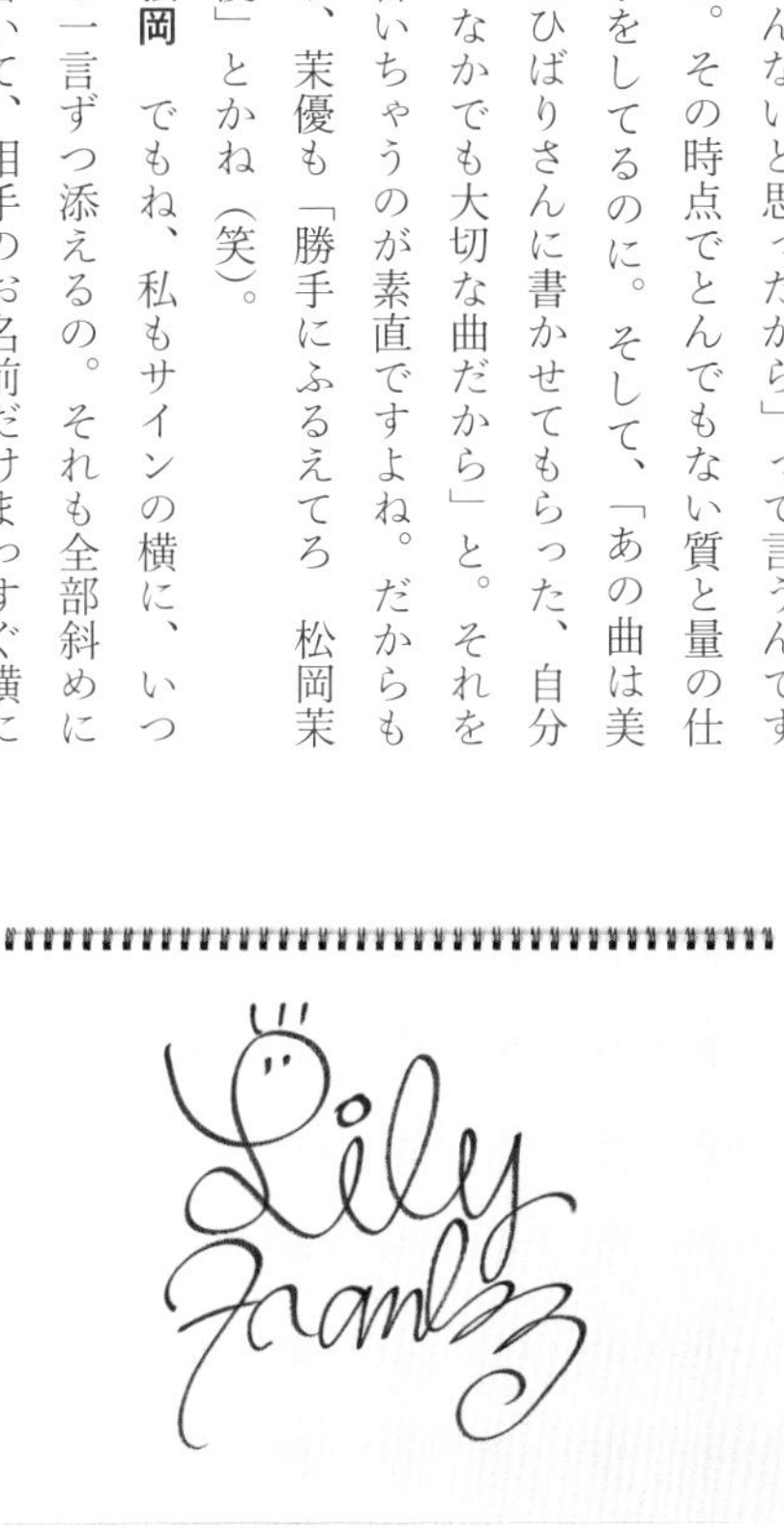

リリー　僕が世界で一番格好いいと思うサインって、ウォルト・ディズニーのサインなんですよ。だから自分のサインは、ディズニーを意識しながら、文字のなかに〝のりピーちゃん〃を描いてるんですね。

松岡　かわいい。

リリー　ただ、『東京タワー　オカンとボクと、時々、オトン』の書籍にはこのサインが似合わないんですよ。辛気くさい本だからポップなサインが合わなくて。だから、あの本に限って縦書きのサインを書いたんだけど、『東京タワー』のときは初版で5万部刷ってもらって、1万

冊ぐらいサインを書いてるんですよ。

松岡　そんなに書いたんですか？

リリー　北海道から九州まで、35カ所くらいまわりましたから。出版社はね、毎週300冊とか500冊とか、すぐサインを書かせるから。サイン本じゃないほうがレアなんですよ（笑）。そうなると、漢字で「松岡茉優」と書くだけでも大変だから、やっぱりちょっと、筆記体を練習してみましょう。

お手本にと、リリーさんが筆記体で松岡さんのサインを書いてみせる。かわいらしさを少し漂わせられるように、「o」の上にちょんちょんと、リリーさんが点を描く。そのお手本を見た松岡さんが、「この点は何でしょう？」と尋ねる。「いや、装飾ですよ」とリリーさんは笑いながら、「あなたのそういう不器用なところ、好きですよ。こうやって何にでも真面目に取り組むんです」と語る。

松岡　この、ぐるぐるってなってるのは何でしょう？

リリー　それはぐるぐるじゃなくて、「o」をちょっと崩して書いたんです。

松岡　かわいく書いてらっしゃるんですね。こっちの棒は？

リリー　それは「k」です。

松岡　ああ、この棒で「k」になさってるんですね？

リリー　いや、あなたの名前がそうなってるんだから、「o」の次は「k」になるしかないでしょう（笑）。それで——「m」を書くときに、1個の「m」で「Mayu」と「Matsuoka」をあらわしてるってことがレイアウトに生きるように意識して書くといいですね。

松岡　イニシャルがMMなのは、私に

とって誇りのMMなんです。（サインを書き上げて）どうですか？

リリー　何だろう、まだ英語が生まれる前の文字みたいにも見えるけど、いい子っぽさは出てる。ほんとは不器用なんだけど、いっぱい努力を重ねてきたんだろうなっていうのが伝わる字ですよ。

松岡　サイン本のときはローマ字だけになっちゃうと思いますけど、お店とかに置かせていただくときは、この下に漢字で「松岡茉優」って書くと思います。ローマ字だけだと、私のサインだって気づいてもらえない気がする。

リリー　その福山君方式は取り入れましょう。でも、お好み焼き屋さんでも、帰ったあとにタイプシールで「松岡茉優」って貼ってくれるお店もあるからね。

松岡　しかも、そういうお店は色紙にビニール掛けしてくださるんですよね。

リリー　僕の場合、色紙に書くときだと、名前だけのサインってほとんど書いたことがないんですよ。こんなふうに、絵がメインのサインになるんです。

松岡　おでんくんだ！

リリー　絵がメインになると、字が気にならなくて済む。今日の茉優の髪型はイラストにしやすいから、茉優をキャラ化するのはどうですか。

松岡　顔に特徴があれば、似顔絵をサインにできると思うんですけど、私は特徴がないから不可能かなって。

リリー　茉優の似顔絵は、ちょっと難しいよね。僕は薄味の顔のほうが好きですけど、似顔絵にはしにくいんですよ。

松岡　でも私、リリーさんの似顔絵描けるかも。

リリー　いや、お互いの似顔絵を描く会じゃないんですよ（笑）。

　向かい合うように座り直すと、リリーさんはスケッチブックに松岡さんのイラストを描いてゆく。「あくまで茉優のキャラクターだから、ちょっと輪郭は丸くします」と言いながら、線を描く。

「ちょっとだけ目を大きくしてくれた」と、松岡さんはスケッチブックを覗き込みながら笑う。

リリー　どうも昭和っぽい感じが抜けないけど、これ、似てませんか。

松岡　似てます。画家さんのサインみたいでかわいい。

リリー　僕とか茉優みたいに、平べったい顔の人はイラストにしにくいんだけど、目を点で描くのが似合うんですよ。ちょっとこれ、描いてみましょうか。

松岡　はい。これなら私も描けるかも。

リリー　（松岡さんの描く絵を見ながら）普段から仲がいいからかもしれないけど、顔が（伊藤）沙莉に似てきてますよ。

松岡　確かに、私が描いたほうは沙莉に似てる（笑）。やっぱり、沙莉のほうが特徴あるんですよ。

リリー　顔の横幅が広くなると、沙莉になる。ただ、キャラクターとしては、あんまり面長に描くとかわいくないんですよ。それと、面長になると、今度はもうひとり仲のいい橋本愛になる。

松岡　そう、そうよね。もう、このあたりにほくろがあったらわかりやすいのにって思っちゃう。

リリー　もうちょっとかわいくしようとするなら、ほっぺたにちょんちょんと線を描いて、「赤面してます」みたいな感じにするとかね。

松岡　自分で自分の顔を赤面させるって、ちょっとあざとくないですか。

リリー　サインっていうのは、ほら、初対面の人に色紙で挨拶してるわけだから。イラストの下に、筆記体で名前と日付を書くんだけど、このイラストの幅をはみ出さないようにしてほしいんですね。

サインの下に、２０２３年5月16日と日付が記される。その日付を眺めていたリリーさんが「5年前の今ごろは、茉優も僕もカンヌにいたんですよ」とつぶや

く。その年は、今年と同じく5月14日が母の日にあたり、『万引き家族』で共演したリリーさんと子役の城桧吏さん、佐々木みゆさんがカンヌのマーケットで花を買って、樹木希林さんにプレゼントしたのだそう。

リリー　茉優はシリアスな役をやることが多いでしょう。だから、サインにこういうイラストが描いてあると、人間くさくていいんですよ。今日のテーマは、僕の知ってる素直な茉優が色紙に宿りますようにってことだから。お好み焼きを食べながらサインを見た人が、「あの子はああいう役ばっかやってるけど、あのサインを見ると、ほんとは良い子なんだろうね」と思う——そこですよ。

松岡　そう思ってもらえたらうれしい。（描き上げた絵を見せながら）これ、どうですか？

リリー　うん、だいぶ完成度上がってきましたね。沙莉感は否《いな》めないけど、茉優にも似てますよ。

松岡　茉優感、出したい。ちょっと眉毛を太くするのはどうですか？

リリー　いや、ものすごくかわいくなくなりますよ。ほら、急に80年代のメイクになった。

松岡　ほんとだ。眉毛を太くするのはナシですね。これ、前髪も「M」にするのはどうですか？

リリー　僕もキャラクターをいっぱいつくってきたけど、考えれば考えるほどうるさくなっていくんですよ。おでんくんも、酔っ払って描いたからふんどし一丁で済んだけど、もうちょっと考えたらマント着せてたと思うんだよね。

松岡　マントも似合いそう。

リリー　ただ、そうやっていろんなことをつけ加えていくと、どんどん絵がうるさくなる。（松岡さんが描いた何枚目かのイラストを見て）あれ、誰だかわからなくなってきてますよ。

松岡　なんでだろう。顔が楕円になってるから？

リリー　もうね、顔は丸くてもいいんですよ。これは茉優の顔じゃなくて、〝まゆちゃん〟ってキャラクターだから。

松岡　そっか。私ではなく、〝まゆちゃん〟。

リリー　顔の輪郭から描き始めるんじゃ

なくて、前髪から描き始めたらどうですか。まずは前髪を描いてみて、顔の輪郭をとる。

松岡　なんでお手本みたいに描けないんだろう。ここを目指したいのに、離れていっちゃう。

リリーさんの描くお手本と、松岡さんが描く〝まゆちゃん〟を見比べると、線の太さが違っている。二人が使用しているペンはハイマッキーで、どちらも太字の側で絵を描いているものの、リリーさんはペン先を器用に紙に当てているから、線がほどよい太さにまとまっている。サインに使うペンは、筆記用具というより、画材に近いものなのかもしれない。

リリー　マッキーの先って、こう、斜めになってるでしょう。この斜めを下にして持つと、線が細くなる。ちょっと、マッキーのペン先を意識しながら描いてみましょう。

松岡　（絵を描きながら）こういうことですか？

リリー　なんだろう。やっぱりまだ太くなるね。

松岡　私、筆圧が強いのかな。もっとシャーッと描いたほうがいいんでしょうか。

リリー　慣れればマッキーでも細く描けると思うけど、ペン先が丸いのを使ったほうがいいかもね。ただ、丸いペンで書くのも難しいんですよ。線の太さが単調になるから。

松岡　マッキーの細字側で書くのはどうでしょう？

リリー　マッキーのこっち側って、カリカリでしょう。それだと線が細過ぎるんですよ。あんまり細いと、今度は絵を描くのが難しくなるから、これくらいの太さのペンにしてみましょうか。なんにしても、サインのときは、ほぼ出されたペンで書かなきゃなんだけどさ。

松岡　（新しいペンを試しながら）このペンだと、遊びがある感じがします。ちょっとアゴが大きくなっちゃった。

リリー　いや、でも、いいですよ。やっぱりマッキーじゃないほうがいいかもね。あと、髪の横ハネのところはシンメトリーじゃなくていいから、もっと大きく描いていいですよ。それと、耳の位置はもっと低いほうがいい。これは絵の基本なんですけど、耳の位置と鼻の位置で、顔が幼く見えたり、大人っぽく見えたりするんです。耳、鼻の位置を低くしたほうが、全体の重心が下がって幼く見えるから、キャラクターとしてはいいんですよ。だから、そのことを意識しながら描きましょう。

松岡　この絵だと、ちょっと耳の位置が高いんですね？

リリー　そう。あと、耳をもうちょっと大きく描いていいよ。そして、鼻の位置を下げる。鼻の位置が高くなるから、あごがでっかく見える。

松岡　なるほど。じゃあ、鼻はこのあたりですね？

リリー　そうですね。うん、いい感じになってきたんじゃないですか。髪型がグラム時代のデヴィッド・ボウイみたいになってきてるけど、そこは気にせずいきましょう。

松岡　これは私じゃなくて、あくまで〝まゆちゃん〟ってキャラクターだとおっしゃいましたけど、髪型はそのときの私の髪型に合わせる必要はあるんですか？

リリー　いや、〝まゆちゃん〟はもう、常にこの髪型でいいと思います。あと、キャラクターは目が離れてたほうがかわいくなる。ほら、赤ちゃんの目って離れてるでしょう。

松岡　黒目のサイズって、赤ちゃんのときからあんまり変わらないんですってね。

リリー　ああ、だいぶ良くなってきたんじゃないですか。これぐらい線が端折《はしょ》ってあるほうがかわいいかもね。僕の描いたやつだと、線がつながり過ぎててイラストになってるけど、これぐらいがサインっぽいかも。そして、本人にも似てますよ。

松岡　ほんとですか。これなら３００枚書けるかも。

リリー　たくさん描いているうちに、最終的にダイイングメッセージみたいになりますよ（笑）。１００枚、２００枚と同じものを書いてると、ゲシュタルト崩壊して「あれ？　今何を書いてるんだっけ？」とわからなくなる。僕も昔、小学館から『美』って本を出したとき、題字に使うために「美」っていう字を半紙に１００枚ぐらい書いたんですよ。何枚も書いているうちに、ゲシュタルト崩壊して、「美」の文字が「羊羹」って文字に見えてきて。

松岡　私も、〝まゆちゃん〟を何枚も書いているうちに、前髪はだんだん端折り始めると思います。でも、イラスト入りのサインが生まれるとは思ってませんで

した。

リリー　私もです。絵はだいぶまとまってきたから、あとは文字ですね。イラストが入るとなると、もっと丸っこい字を意識したほうがいいかもしれないね。

松岡　丸っこい字？

リリー　あんまりとがった文字だと、このイラストと合わなくなる。（お手本を書きながら）こうやって、ちょっと輪っかをつくったほうがいいと思うんですよ。それで、「Ｍａｔｓｕｏｋａ」のうしろに、何かちょっと、止めを入れたいですね。

最後の「a」という文字の後ろに、リリーさんは止めとして「＊」を描いた。「ちょっと、これで練習してみましょう」と言われた松岡さんは、机に身を乗り出すようにして、お手本と見比べながら、何度も筆記体で名前を書く。スケッチブックを捲《めく》ることなく、余白を余すところなく使って、何度も書く。次第にスケッチブックが黒く埋まっていく。そんなところにも、リリーさんの言っていた「真面目さ」がにじんでいる。ひとしきり練習したところで、色紙にサインを書いてみることになった。その姿を隣で見守っていたリリーさんが、「さすが松岡さん、本番に強いですね」と。

リリー　イラストはもう、かなり書き慣れた感じが出てきてますよ。そのイラストの下に、あんまり間を空けないようにして、名前を書く。

松岡　ちょっと、名前はまだ要練習です。

リリー　「××さんへ」っていうため書きは、なるべくこの絵に対してセンターに描いたほうがいいですね。ローマ字の筆記体はともかく、もともとの字は達筆なんですね。

松岡　ほんとですか。うれしいです。筆記体はもう、練習あるのみですね。

リリー　でも、この筆記体も、味はありますよ。好感が持てる。これがお好み焼き屋さんの壁にあったら、まず目につくでしょう。なかなか女優さんのサインで絵で押してくるのってないですから、お好み焼き屋さんで人気者になりますよ。

松岡　確かに、「誰のサインだろう？」ってなりますよね。

リリー　ちょっと、このサインで20代は乗り切りましょう。30歳になったら、今度は毛筆系のサインを考えましょうか。

松岡　〃まゆちゃん〃はあと2年の命ですか。

リリー　これは20代のサインですね。30代になったらもう、筆で茄子の絵とか描いて、「仲よき事は美しき哉　松岡茉優」みたいに、武者小路《むしゃのこうじ》実篤《さねあつ》系のサインに変える(笑)。

松岡　30代は、縦書きで「松岡茉優」ですか。じゃあ、2年後もまた、私の30代のサインを一緒に考えてくださいますか。

リリー　そうですね。また一緒に考えましょう。

fashion portraits

伊藤沙莉と松岡茉優のチャットルーム

同じく芸能生活20周年を迎えた俳優同期にして
プライベートでも親友の伊藤沙莉。
二人のチャットルームを特別に公開！

イラスト　naotte

じゃあ、はじめますか？

ゆるゆるとw

わたしはとにかくしゃーたんが
可愛い写真をたくさん貼りたい

いっぱいもってる

これはたぶん最初のツーショット
ふたりとも疲れ果ててるけど
逆にかわいい

で、なかよくなった写真

わか！かわ！

この写真だいすき
しゃーたんはこのころただの
リップクリームでも
きちんとリップブラシで
塗ってたの
鬼かわいかった

学芸会のシーンだったポーズは
COWCOW さんのイメージ

ごめんなさいけど始まってる？

ごめん。私は始まってた

いいんだよいいんだよ zw@n#m@
w
よーいどん

写真みた？
悪の教典と GTO が
地味に 2 年くらいあいてて
案外お久しぶりーって
感じだったんだなって思った

なお、写真を見て
懐かしいーって感じは
あまりしなかった

てか私は GTO の劇の衣装着てる
COWCOW さんチックな写真の自
分が妖怪すぎて恐れ慄いた

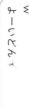

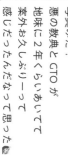

思いの外写真たくさんあって
可愛い

かわいいね

授賞式の写真よくよく見たら
ニュースのやつ保存してて笑った

俯瞰のツーショットとかって
自分たちじゃ撮れないから
うれしいよね ww

こういうの集めるの好き
wwwwww

わかる wwww わたしも wwww

綺麗に撮ってもらえると
うれしいよね

提供：マイナビニュース

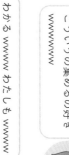

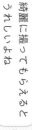

てか沙莉の撮ってくれる
ツーショットは盛れるアプリ使って
くれてるから
かわいくてうれしい☺
と思ってたら
目がでかすぎるやつあったけど

やりすぎたらここまでになる
ってやつやった時のだよ ww
m@t@

この日一緒に立てたのが嬉しすぎ
てずっと喋ってたんだけど
深川麻衣さんも後ろで
微笑んでくれてたことを
ニュースの写真で知ったわ

優しいんだよ

ね

これとかちょーすき
沙莉が膝枕してくれてんの

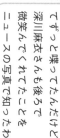

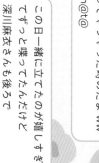

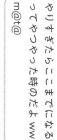

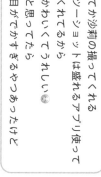

遅ればせながら、
ご挨拶なのだけど
この度、芸歴が20年になって
(しゃいりもだよね)
はじめての本を
出すことになりました！

おめでとう

ありがとう

このやりとりを公開するにあたっていくつか質問をもらってるんだけど投げかけていいかしら？

かもんぬ

本を出すのは
沙莉が先輩なんだけど、
出すにあたって
これやってよかったなーって
ことある？

乗馬とか陶芸とか

あと自分がすごく好きなカメラマンさんに写真いっぱい撮ってもらえて
嬉しかった

自分の本ならではよね！
あの写真可愛かったーん

これぱっかりは
ただのファンすぎるけど

ぜんぜんまだまだある

懐かしすぎちゃってる

まずはね、
お互いのいちばん好きな作品！

私はやっぱり
「勝手にふるえてろ」かな

うれしいー
たしか、「勝手にふるえてろ」と
「獣道」が
撮影が同時期だったか
公開が同時期だったか
沙莉もわたしも
初めて一本主演を務めさせてもら
うタイミングが重なって
子役のときとかって
やっぱり映画に主演することとか
妄想したり、
想像したりするじゃない
なんかすごく、
思い入れがある時期なのよね

確かに重なってたよね?!
同期で重なるって
なんかとても嬉しいよね
一度は夢に見たことでも
実際に現実になると
本当に夢の中みたいで
不思議な気持ちだった

「タイトル拒絶」の沙莉も好き
お芝居の中で
誰かを守ろうとする姿が
すきだなと思った
庇ってたりする姿がすき
一緒にやれた劇場とか、
GTO もそうだけど
誰かのために、
をしてる沙莉のお芝居に
すごく惹かれます

私「劇場」の茉優も大好き！
感情的なシーンの茉優好きって
言った時に
沙莉の真似っていうか
声の出し方みたいのを
意識したって言ってて
仰天したの覚えてる

そうそう
「劇場」の、永くんに
私もう 27 になるんだよ、
ってところね
怒鳴るでもなくて
叫ぶでもなくて
腹から出る音、
みたいなやつ

あのシーンはきっと
沙希ちゃんは
そうやって吠えてるって
思ったんだけど
私そういう音が出たことないから
できるのかなあ？
って思ったんだけど

そういえば沙莉はあの音が
出せるよなって思って
沙莉が吠えてるシーンとか
別の作品のやつみたりして
イメージができたのよね

こんなふうがいいなぁ
あんなふうにやれたらなぁ
と思っても、
遥か遠くのイメージだと
なかなか体が応えないけど
身近な人の所作って
しみ込みやすいというか…

役のことを考えるときに
沙莉だったらどうするかなあーは
羊さんだったらどうするかなあー
と並んで 1 位の出現率です 笑

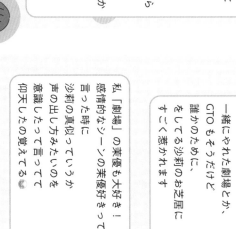

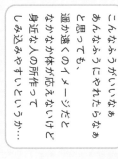

これさ、映画だけじゃなくても
いいんだよね？？
私、「問題のあるレストラン」の
茉優が
めちゃくちゃ好きなの www
茉優の役の子が
想いを吐露するシーンで
なんやこのお芝居…えぐ…
って思ったの覚えてる！
もちろん超絶いい意味でね?!

ちゃんとバックボーンが
そこにあって
ちゃんとこちらに
アッパー喰らわしてくる感じが
とても心地よかったの

なんか
伝え方がわからないんだけど
茉優の役の子がもがいたり
苦しんだりして
それが溢れた時の茉優のお芝居
がとても好き

レストランの千佳ちゃんのこと
わたしも彼女は
とっても大事な人だから
そう言ってくれてうれしい
役と自分との間に
道みたいのがあるとしたら
その道のでこぼこが
あんなに少ないことなくて
いまでも特別だなあ

私がここのとこ
困ってる質問があるんだけど
それを沙莉にしてもいい？笑
やってみたい役はありますか？
って聞かれると
答えにすごく困ってしまうの
嫌とかじゃなくて、
こういう役がやりたい
というのがあまりなくて

逆にこの役を私にくださるんだ！
というのはすごーく嬉しくて
有難いし
あてがきなんて
その最たるものだけれど

脚本家さんなり、監督さんなり
私に演じてと思ってくれる役があ
ることが嬉しくて

だからこういう役をやりたい
というのは
あまり無いことが分かってしまっ
て困ってる

沙莉はそう聞かれたら
なんてお答えしてる？

気持ちわかるよ
頂けるだけ有難いし
何やっても楽しいから
難しい質問だよね ww@wm@

でも大体
観てくださった作品とか
役のイメージとか
そういうのってキャスティング的
に
反映されたりすることもあるから
偏っちゃう時もあるじゃん？？
タイミング的に www
だからやったことないような
雰囲気の作品とか役は
もっともっとやりたいですね
とかは答えるかなぁ私は

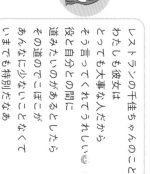

あとはシンプルに職種答えてる
ww@t@
将来何になりたいですか？
って子供の時に聞かれた感覚で
答えてる🙎

それ最高！！😆笑
確かに、聞かれたわ
子供のときめっちゃ聞かれたわ
あれなのかー！
確かにそれなら
他意も嘘もないもんね
ほんとにやってみたい職種だもんね
私は沙莉の研修医さん見たいなー😊

嬉しい🖤！！！
私は茉優の料理人見たい
かっこいいやつ！

料理人 wwww
すごい具体的なやつ🤣ありがとう
ww
と思ったけど
わたしの研修医見たいも
だいぶ具体的だったわ

そうだよ ww@mj@m@
応えたんだよちゃんと！ www

もしさー
なんでもよかったら
なにで、どんな間柄で
共演したいなーってある？😊

なんでもよかったら

えー、でもなんか
バディ系やりたいけどなぁ～😚
なんか２人のリーダーとか！
wwwwww
２人の下っ端か２人のリーダー！
wwmm

バディはまじで楽しそうーーーー
なんかスタートから信頼しあって
るバディがいいな
沙莉とやるなら
なんかでこぼこコンビが紆余曲折
あって仲良くなるってよりは
もうなんか最初から超バディで
最終回で解散したい

泣きながら

もう絶対にバディになることは無
いっていう感じなの

ああ、もうこれは
もう絶対無理なやつだ…って

でもケロッと戻ってきてスペシャ
ルドラマまでやりたい

わかりすぎてたんでし
た！！！！！

まじそれなの！！

あわよくば The movie までいきたい

もう仲良くなるまでとかはいいの！

な！！！な！！！！

こちらの都合で申し訳ないけど
もうそこはちょっとスキップさせてほしい

それはなんか必要なら
回想回とかでやって頂いて

ウィッグつけるやつな ww

そうそう mw@m@dt@m@

なんかさ

うん

オーシャンズ８のリーダー２人の
あの阿吽の呼吸な感じ希望！

ここには信頼がえぐいみたいなの

あー！リーダーって
その感じを言ってたのか！！！

なんかわたしお山の大将を想像しちゃって

ボスクラスみたいな

うっふん　みたいな

説明いらない信頼関係ね
やりたいね

違うだろうよ ww@t@mj@m@m@

誰が２人で山仕切れって言ったの？

わたしたちってそんな感じってやれるっけ？　って少し焦ったよ

待ってやりたいかも

山の門番

山ロケ過酷だからやめよ

早 ww

島の人がいい

おトイレないしな

そうそう

でもそういうロケだって
今後あるよね

わたしたちで？

ちげーよ w@.@td@t@m@k@j/m@
トイレなしロケ目掛けて
２人で企画立てんのおかしいだろ w@w@m

わたしもトイレ無しはかなり無理だよ

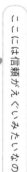

やーやだよね😞
なんかさ
Black&White の
女版みたいのやりたい

写真：Everett Collection/ アフロ

え一見てない！見る！

え！見てこれ！まじ面白い！

ちなみにどっちがどっち？

あーーーー！！！！！！

私としゃーたん

それまじむずいな ww@w@j@mt@m

むずいんか ww

まあ向かって右が茉優だな
キャラ的には
左は少し不真面目だから😁😁

あらすじ読んできた！！
もう面白い！

だろ？！？！！！！
やばいよまじで！
VI回は見た！
はあ？ wg.@m@tm@j@m@j@
6 をかっこよくすんな

ドラクエかと思ったよ ww

だよな wt@m@j@m

奔放な美女はどうする？

奔放な美女はねぇ
なんかその美女マジ面白いのね
だから面白い人がいい

やっぱ太賀さんかな？ w@w@v@d@tm@j

あ、コミカル美女なのね
コミカル美女なら確かにそうだし
太賀なら私たちを
二股かけてくれそうだな ww
そんで私たちが
死闘を繰り広げるのね
アクション練習しなきゃね

そうそう w@w@y@mj@m@j@

アクション練習一緒にするの
めっちゃ楽しそう🤤

うん😌帰りにファミレス行ったりして部活みたい😘

最高🥺❣

進撃の巨人観てる？

うん！読んでるし見てるよ！

進撃のアニとヒッチ
みたいな関係性も
なんか素敵

あーーーわかるーーーーー
じゃあどっちがどっち？ってなると
もうそれはお任せしたいね
どう思ってくれてるのか
なにができると思ってくれてるの
かって最高に嬉しいものね

沙莉ならどうするかな？って
よく考えるって言ったけど
それは普段からも言えることで
沙莉これやったんだもんな、とか
沙莉めっちゃがんばったな、とか
近くにかっけー同業者がいるのって
ほんとに幸せだと思う、いつも

それマジで私も思う
いつも茉優よぎるwww
そしてかっけーなぁってなるよ

たくさん会えないのは寂しいけど
会えてないあいだも、ありがとう
たくさん会えないのは寂しいけど

こちらこそありがとう
なんかさ沢山会えないけど
現場で
あー今日茉優んち行こっかな
ってよく思うwww

来てよ！
行こっかなーって思うたび
来て
沙莉の第３の家だよ
うちは

はいよー

付き合ってくれてありがとうね
本が出来たら渡すねーーー

改めておめでとう！
楽しみにしてまーす

伊藤沙莉（いとう・さいり）　1994年生まれ。俳優。2003年にドラマデビュー。確かな演技力を評価され、20年に第57回ギャラクシー賞テレビ部門個人賞、21年に第63回ブルーリボン賞助演女優賞、22年に第45回山路ふみ子女優賞、23年に第77回文化庁芸術祭放送個人賞など受賞多数。24年のNHK連続テレビ小説『虎に翼』の主演を務めることが発表されている。松岡とは映画『悪の教典』（12年）、ドラマ『GTO』（14年）、『その「おこだわり」、私にもくれよ!!』（16年）、映画『劇場』（20年）などで共演した。

漫画家・板垣巴留と同世代トーク

松岡が人生で最も好きな漫画の一つと語る『ＢＥＡＳＴＡＲＳ』。その作者である板垣巴留と待望の初対面！同世代ならではのカルチャーの話、仕事観や恋愛観までお話ししました。

扉絵・漫画　板垣巴留

ハー ずっと喋っていたら 疲れちゃった…
ちょっと小休憩しましょうか
どら焼きをいただきましょう

板垣巴留（いたがき・ぱる）

1993年生まれ。漫画家。2016年3月、『週刊少年チャンピオン』（秋田書店）に掲載した4号連続の読み切り作『BEAST COMPLEX（ビーストコンプレックス）』でデビュー。同年9月に連載を開始した『BEASTARS（ビースターズ）』が大ヒットし、第11回マンガ大賞、第21回文化庁メディア芸術祭マンガ部門新人賞、第22回手塚治虫文化賞新生賞、第42回講談社漫画賞少年部門を受賞。アニメ化もされている。現在『週刊少年チャンピオン』で最新作『SANDA（サンダ）』を連載中。

『りぼん』『なかよし』には手を出せない

松岡　『BEASTARS』[★1]が大好きで、今回の対談も楽しみにしていました。

板垣　ありがとうございます。

松岡　巴留さんにお聞きしたいことがたくさんあるんです。私は同世代なので、まずはどういうものを見て育ったのかを知りたいなって。というのも、この本を読んでくださる同世代の方に「同じものを見て育った人たちが、今、エンタメの世界にいるんだなあ」って感じてもらえるのかなって。

板垣　なるほど。そういえば、松岡さんは『あたしンち』[★2]お好きですよね？　以前、けらえいこ[★3]さんと対談されているのを見て、私もずっと読んでいた世代なので「一緒だ！」と思っていました。

松岡　はい！

アニメもご覧になってました？

板垣　アニメも漫画も見てました。

松岡　世代ですよね。私は小学生のころ、アニメを見ていて、本屋さんに行ったら同じタイトルのものがあって「あれ？

★1　BEASTARS……板垣巴留による漫画作品。草食動物と肉食動物が共生する世界を描く。秋田書店刊。2016年から4年間『週刊少年チャンピオン』で連載し、20年に完結。単行本全22巻。アニメ化もされている。

アニメのやつだ！」って。当時、漫画がアニメになるって発想がなかったから驚いたのですが、漫画を開いたら、カラーだったことにもびっくりして。

板垣 私、もともと『ちゃお』の白黒ページに慣れていたから。

松岡 ちゃおっ子ですか？　私もです。

板垣 そうですよね！　以前、巴留さんのインタビューに『ちゃお』を読んでたって書いてあってうれしくなりました。当時は『ミルモでポン！』とか『ビューティーポップ』が人気だったと記憶しています。ちょっと下の世代は『きらりん☆レボリューション』とかだと思うんですけど。

松岡 そうですね。私は『Dr．リンにきいてみて！』も読んでました。当時、『りぼん』は大人な感じがして手を出せなくて。

板垣 クラスのなかでも華やかでおしゃれな女の子が読んでるイメージ。

松岡 そうそう。『ちゃお』はもうちょっとやんちゃな感じというか。

板垣 はい、元気っ子な感じでした。『なかよし』は、さらに大人な感じがして…。

松岡 当時、友達の家で『なかよし』を見せてもらったら、キスシーンが出てきてびっくりしたんです。ちゃおっ子からすると、キスシーンって最終回に一回あるかないかなのに、『なかよし』だと結構しっかりしてたから（笑）、これは手は出せない…って思ったのを覚えています。

板垣 あはは。わかる。

松岡 『ちゃお』で白黒の漫画に慣れていたので、『あたしンち』がカラーだったことでさらに惹かれて。今でも『あたしンち』は私の安定剤のような役割を果たしてくれています。夜寝れないときとかはずっとアニメの『あたしン

板垣　ち』を流してます。今、YouTubeでも配信してますよね。

松岡　始まったとき、すごくうれしかったです。

作業中に何を聞く？

松岡　巴留さんは作業されるときに何か流したりしてますか？

板垣　結構ラジオが多いかな。

松岡　そうだ！「TBSラジオが好き」っておっしゃってましたね。

板垣　そうそう。『JUNK』[★4]とか聞いています。

松岡　私もラジオが好きで、よく聞きます。でも、言葉が耳に入ってくることで、作業に影響はしないですか？

板垣　ネームという物語を作る段階の作業のときは、映画のサントラとか歌詞のない音楽にしていますが、作画の段階だとラジオを聞いてます。

松岡　私がセリフを覚えるときは、歌詞のある音楽だと内容が耳に入ってきて、混乱してしまうので、大体ジャズかクラシックを流しっぱなしにしてるんです。

板垣　セリフを覚えるのは得意なほうですか？

松岡　10代〜20代前半はセリフ覚えるのにあまり苦労したことがなくて、スポンジみたいに脚本を読んだら覚えられたんです。

★2　あたしンち……けらえいこによる漫画作品。1994〜2012年に読売新聞日曜版で連載していた。単行本全21巻（メディアファクトリー）。19年より『AERA』（朝日新聞出版）で連載を再開。アニメ版は02〜09年までテレビ朝日系列で放送された。

★3　けらえいこ……1962年生まれ。『ヤングサンデー』（小学館）に掲載した4コマ漫画『3色みかん』で漫画家デビューした。

★4　JUNK……TBSラジオの月〜金曜日の25〜27時の放送枠。番組に『伊集院光深夜の馬鹿力』『爆笑問題カーボーイ』『山里亮太の不毛な議論』『おぎやはぎのメガネびいき』『バナナマンのバナナムーンGOLD』がある（23年10月時点）。

板垣　すごい！

松岡　だけど、今〝ド苦労〟してて。こんなに入らないか!?ってぐらい入らなくて。

板垣　まだ早くないですか？

松岡　私もそう思うんです…。で、恐る恐る同世代の俳優さんに「セリフって覚えづらくなったよね？」って聞いたら「そうなんだよ！」って言われて。もしかしたら、この年代になると覚えづらくなるのかも？って。だから、今はセリフ覚えるのも一生懸命です。自分で相手のセリフを録音してそれを流して、会話で覚えるって感じでやっています。

板垣　わぁ、そういうやり方があるんだ。

松岡　結構やっている人多いんですよ。自分で相手のセリフを読み上げて、自分のセリフの尺を空けて録音するっていう。たまにペースが合わないと、次のセリフに進んじゃうんですけどね（笑）。

少しずつ、臆病になっているのかもしれない

松岡　アニメでいくと、「どれみちゃん」[★5]は見てました？

板垣　「どれみちゃん」はそんなすごい見てたわけじゃなくて、日曜の朝だったから結構寝てたかも。

松岡　よく眠る子供でしたか。

板垣　かなり寝るタイプでした（笑）。

松岡　私もそうでした。一番眠かったのは高校生のときで。

板垣　ああ、わかります。

松岡　ひどいときは金曜の夜8時ぐらいにウトウトしちゃって、起きたらまだ暗かったから「2時間ぐらいかな？」と思ったら次の日の夕方だったんです！そのときの20時間くらいが最長記録で。

板垣　元気ー（笑）。

松岡　自分でも体力あったなって思うんですけど、巴留さんは今も寝るの好きです

か？

板垣 好きです。

松岡 週刊連載を抱えていると、睡眠時間を確保するのは難しくないですか？

板垣 たぶん、週刊連載を担当しているわりにはよく寝るタイプで。夜の12時に寝て、大体朝8時半に起きてるからたっぷり寝れてますね。

松岡 しっかり睡眠時間を確保できているということは、やっぱり描くのが速いんですか？

板垣 そうですね。ネームは速いほうだと思います。ネームといわれる物語を作る作業が一番個人差が出ると思っていて。ネームに3日くらいかける方もいますが、私はネームが一番苦しい作業だから、早く終わらせたくて、大体1日ぐらいで終わらせています（笑）。

松岡 すごい。1日で物語が生まれるっていうのは、やっぱりこれまでインプットしてきたものの違いもあるのでしょうか？

板垣 確かに、いろんなものを引き出しに入れておくことは大事かもしれないですけど。さっき松岡さんおっしゃったように、10代とか20代前半のときよりも私もひらめきがちょっと衰えてきている感じはしていて。かなり時間をかけてストーリーを考えるようになりましたね。

松岡 若いころはセリフが覚えやすかったり、ストーリーが生まれやすいというのは、その分、臆病さがなかったのもしれないと思うんです。

板垣 わかります。怖いもの知らずというか。

松岡 当時はそんなつもりなくて、自分は考え込む派だと思っていたけど、今のほうが引っかかるセリフが多い。「こ

★5　どれみちゃん……アニメ『おジャ魔女どれみ』のこと。1999〜2003年までテレビ朝日系列で放送された。

れって、こうも捉《とら》えられちゃうかも……?」とか考え始めると時間がかかっちゃって。たぶん、もっと若いころのほうが言葉に引っかからず、ツルンと頭に入ってたのかもしれないなって。

板垣 確かに。脚本家や監督にセリフの指摘をすることもありますか?

松岡 ごくたまに。ただ、脚本って脚本家さんがさらっと書いたものじゃなくて、奥歯を噛みしめて書いたものでしょうし、リスペクトがあるので、基本的には言わないようにしています。俳優は言い方である程度変えられますし。

板垣 なるほど、言い方か。

松岡 「馬鹿」というセリフでも、言い方が違うと印象が変わるから、「おバカ!」な気持ちで「馬鹿」って言えばいいかなって飲み込んだり。でも、どうしてもというときはご相談します。作家さんによっては、一言一句変えないで、という方もいらっしゃいます。そういうときは「てにをは」も変えないように一言一句覚えます。

板垣 そうなんだ。

松岡 ただ、私は昔から相談していたのではなくて、徐々になんです。傷つけたくない相手がどんどん増えてきて気になるようになって。

板垣 私たちが大人になっている証拠なんでしょうか。

松岡 「これって捉え方によってはこういう人たちが傷つかないかな?」って思い始めちゃうと。人によって違うじゃないですか、何でどこで傷つくかって。

キャラ付けがどんどん苦しくなる

松岡 小・中・高で一番きつかったのはいつですか?

板垣 中学校です。

松岡　私もです！　多感だったこともあるし、周りと合わせないといけない雰囲気があって、それがきつかった。

板垣　みんな構築中の段階ですしね。私が中学のとき、ちょうど校舎が建て替えで3年間ずっとプレハブだったんです。

松岡　それはつらいですね。

板垣　ボロボロのプレハブで3年間過ごしていたから、生徒の情緒が不安定になっていじめが流行ったりして結構大変でした。

松岡　中学生になると知恵もついてきていて、いじめの質も変わりますよね。ちょうど私たちの世代ってインターネットとつながり始めて、裏掲示板もあったりして。

板垣　ありましたね。インターネットがまだスラム街的な立ち位置でした。今は今で大変そうです、SNSとか。

松岡　それこそ私たちが中学生のころは「リアル」[★6]とか「前略プロフィール」[★7]が流行っていて。わりと派手めな子たちが先に始めて、私とかは途中から様子を見ながら参加して、という時差があったように思うのですが、今は当たり前にSNSがあって、そこで友達とつながらなきゃいけなかったりするのも大変だろうな、と想像します。私が中学のときにきついなと思ったのは、キャラ付けがあったことです。

板垣　あああ。その言葉を聞いただけでウッとくる。

松岡　自ら立候補したはずのキャラが苦しくなるし、相手にもキャラを押し付ける

★6　リアル……2000年代後半〜10年代前半に女子中高生の間で流行した個人ブログの一種。リアルタイムで文章を投稿するもので、リアルタイムブログともいわれる。

★7　前略プロフィール……★6と同じく平成の中高生たちが使用していた個人ブログの一種。質問に答えるだけで自己紹介ページを作ることができる。

し。

板垣 ありましたね。私は当時から絵を描いていたから、女子グループのなかでも「あなたは変わり者役ね」みたいな、暗黙のうちにそういうキャラ付けがあった気がします。そのときは、まぁいいかと思ったけど、今思うとそれもしんどかったかもしれない。

松岡 私はどちらかというとグループのなかでピエロ的な立ち位置だったので「お、今、これを言うのは私だな。しょうがないから言うか」みたいな。自分の心に嘘をついて違うことを言うつらさがあったかなと。

板垣 そうなんですね。

松岡 中学校1、2年生のときに『おはスタ』[★8]って番組でおはガール[★9]をやっていたんです。おはガールって期ごとに3人ぐらいいて、当時だと1人は真面目な優等生。1人はおしゃれリーダー。もう1人は元気いっぱいのお笑いキャラがいて。

板垣 ガチのキャラ付けですね。それは大変そう。

松岡 そうなんですよ。で、私はお笑い元気キャラ担当をもらって。だから、『おはスタ』での自分と、学校にいるときの自分との乖離《かいり》がどんどん出てきちゃって。学校の友人たちも「『おはスタ』のまゆちゃん」という認識もあるから、どうしても、空気が沈んでたら面白いこと言わなきゃって思い込んでいました。あと、女子グループってリーダーが変わるのも大変じゃなかったですか？
私たちのグループはリーダーが何度か変わったことがあって、しかも、次のリーダーを決めるのが意外と周りの子たちだったりして。

板垣 政治ですね。

松岡　そうですね。「あの子についていくのやめてこっちにしよう」みたいな反発が時々起こって。

板垣　そうなのかぁ。うちには絶対的なリーダーがいました。バド部最強女子。バドミントンもうまいけど、負けると号泣するような感情の起伏が激しい子で。その子がずっとリーダーだったから反発はなかったかな。あと、中学生のときは何食べても太るのもつらかったです。

松岡　わかる。肌も荒れるし。

板垣　容姿的には何か一番……。

松岡　いろいろと大変な時期ですよね（笑）。

同級生は今

松岡　逆に小学校は楽しかった。

板垣　私も小学校は楽しかった。6年間一緒ってすごく大きいですよね。子供だからキャラ付けとかもまだそんなになくて。

松岡　密ですよね。

板垣　私は1人の女の子とずっと一緒にいて、共依存みたいな関係になっていました。それが逆に楽だったんですよ。

松岡　今もご親交が？

板垣　いや、もう付き合いがなくなっちゃったんですけど。でも、元気かなと思って、Ｇｏｏｇｌｅで名前検索したことはあります。

松岡　私も思いたって一度だけやったことあります（笑）。子供のころ、パンが好きだった子をあるきっかけで思い出して検索してみたら、パンをつくる仕事に就《つ》いていたんです。本当にパン好きだったんだな～ってなんだかうれしかったです。

★8　おはスタ……1997年から月～金の朝7時5分～7時30分に放送しているテレビ東京系列の子供向け生放送テレビ番組。
★9　おはガール……『おはスタ』の番組アシスタント。松岡は2008～10年に務めた。

板垣　エモいですね。

松岡　エモかった！　同級生たちも、いろいろな場所で、いろいろなステージで、頑張っているのだなと感じました。でも、同級生の集まりに行ったとき、表に出る仕事をしている分、みんなが、すごいねって私に言ってくれたんです。みんなだって、たくさん頑張っているのになって。外に活動が見える分、私の仕事がわかりやすいだけで。褒めてくれるのを素直に受け取れなくて。

板垣　それは大変かも。

松岡　応援してくれていたというのはとてもうれしかったのですが、あのころみたいに、フラットにみんなの話も聞きたかったなと思ってしまって。

板垣　そういう悩みは芸能人のみなさん抱えてそうですね。

松岡　巴留さんはそういうことないですか？

板垣　正直、地元の友達は子育て真っ最中だったりして会ってないですね。私は大学卒業後、ずっと仕事だけやっていたので、話が合わなくなってしまったというか。でも、美大の友達はわりと仕事一直線の子も多いので、そういう子とはいまだにくだらない話で盛り上がっています。

松岡　美大は映像科でいらっしゃいましたよね。同級生の方はどういうお仕事をされているんですか？

板垣　映像関係のプロデューサーとか、CMの監督になっていたりとか。堅実に映像の道を進んでいる子もいます。

松岡　じゃあ、私もどこかでお会いしているかも。私は大学に行かなかったので憧れがあるんです。小・中・高で全部違う経験をした分、大学もきっと違う経験ができただろうなって思っていたりもします。それを経験してないのはちょっとコンプレックス。

板垣 大学に進学しようと思わなかったのはなぜですか？

松岡 8歳から子役をやっていたのですが、やっぱり学校に通いながらだと、出席日数も気になったりしていたので、高校を卒業してお仕事だけをしてみたいと思ったんです。でも、蓋を開けたら、大人になればなるほど、仕事じゃないこと、例えば家族のこととか、自分の健康のこととか、いろいろなことが起こるもので。仕事だけに集中したいって、やっぱり不可能なのかもなって思いました。

板垣 大人になるとそうですね。

どんな人が好きですか？

松岡 巴留さんが通われた大学は4年制ですか？

板垣 そうですね、4年間、ムサビ（武蔵野美術大学）に行ってました。超専門的な勉強というよりは、子供に教える映像の授業って感じで、撮影も真似事だったんですけど、大学では人間関係を学べたかなって思います。といっても、ずっと彼氏と遊んでたんですけど（笑）。

松岡 最高〜。彼も同じ学科にいらっしゃったんですか？

板垣 そうですね。当時、ちょっと大人っぽい付き合いをしていたことが、今の糧《かて》になっています。

松岡 どんな人がタイプですか？

板垣 私は一重まぶたの人が好き。

松岡 えー！ すごいピンポイント（笑）。

板垣 これまで付き合った人は全員一重まぶたの人なんです。松岡さんは？

松岡 私はオス感の弱い人が好きです。

板垣 そうなんですか！ 時代に合ってますね。

松岡　あ、そうかも（笑）。巴留さん的に一重と二重の違いはどこにあるんですか？

板垣　一重まぶたってちょっとミステリアスな感じがするんです。思考が読みにくいというか。私は松岡さんとは逆で、オスの頂点みたいな人を好きになっちゃう。

松岡　えー！　ライオンみたいな？

板垣　そう。街で一番強い人と付き合いたくて（笑）。ちょっとゴリっとした見た目の人が好き。

松岡　確かにゴリっとして一重だとミステリアスかも。ゴリっとした男性の魅力を知りたいです！

板垣　そうだなぁ、私は生物的にかなわないっていうところに惚れてしまうんです。もしかしたら『BEASTARS』にもそういう思考が入っているかもしれない。いざ、タイマンで殴り合ったら負けてしまうであろう相手と、対等に仲良くしてられる関係性に惹かれるのかも。

松岡　『BEASTARS』で描かれていた草食獣と肉食獣のお付き合いは、過去の恋愛を経て生まれたものもあるのですか？

板垣　そうかもしれないですね（笑）。

「入れ替わったらどうしよう」の病

松岡　巴留さん、コミックエッセイでスポーツ観戦をしてるときに「〝今突然選手と自分の中身が入れ替わったらどうしよう⁉〟という不安に襲われ」[★10]るって描かれてましたよね。

板垣　読んでいただいて、ありがとうございます。

松岡　あれ、めちゃめちゃ共感したんです。私も子供のときからそうで「同じ人がいたんだ！」と驚きました。

板垣 うれしい。

松岡 小さいころ、バレエの発表会で私は猫の役なのですが、お姉さんがやる主役級の役に突然入れ替わっちゃったらどうしようって思ったことがありました。いまだにアイドルのライブとか舞台を見ててもそうなんです。

板垣 わかります。

松岡 だから、巴留さんが「もし入れ替わったら卒倒したらいい」って描かれていたのを見て、「その手があったか！」って思いました。

板垣 そうですね。入れ替わったときはそうしてください。

松岡 アイドルに入れ替わっちゃったら、演出のふりして1回舞台裏にはけてスタッフさんに相談しようかな、とか、ミュージシャンに入れ替わってしまったら、私、楽器弾けないのに…とか、よく想像していました（笑）。この前、舞台を見に行ったときは、今、私が乱入したらどうなっちゃうんだろうと考えてしまって。

板垣 わかります。とてつもない妄想しちゃうことありますよね。

松岡 そうなんです。舞台を見ていて、例えば自分にとって、許せない考え方を持った役が話しているときに、今なら論破できるぞ！と考えてしまったり。

板垣 妄想癖があるんですね。

松岡 舞台に立つ側になっても、あります。

読者、鑑賞者の反応とどう向き合うか

松岡 巴留さんはネームを書くときって、すぐにアイデアが出てくるものなのでしょうか？　もしくは、熟考するもの

★10 〝今突然〜不安に襲われ……板垣巴留のコミックエッセイ『パルノグラフィティ』（講談社）第14話に描かれたエピソード。

なのでしょうか？

板垣　結構考え込まないといいものは出てこないかも。わりとポッと浮かぶアイデアもあるんですけど、そういうのって大体ダメなんです。

松岡　えー！　そうなんですか。

板垣　ポッと浮かんだものを信用しちゃいけないって思って。

松岡　でも、一度出たアイデアを捨てるのも難しそうです。

板垣　そうですね。でも、すぐに浮かんだアイデアって、時間置いて冷静に考えると「いやダメだろ」っていうことが多い。良い・悪いの尺度は自分なりのものだけど、大体ちゃんと揉み込んだもののほうがいいものになるかな。

松岡　そうか…。私はつくり出されたものを演じる、どちらかというとプレーヤー側なので、つくり出す側の気持ちを理解できてはいないと思うのですが、きっと恐ろしさもあるだろうなって想像しています。つらい展開とか苦しい場面とか、キャラクターが傷ついてしまうシーンには、どうやって向き合ってますか。

板垣　『BEASTARS』で言うと、レゴシ[★11]がルイ[★12]の足を食べたときはまあまあ炎上して。

松岡　そうだったんですか！

板垣　私は「これ、どうだ！」って思いながら描いていたんですけど、読者の反応を見て「あーダメか」って。でも、そのとき、レゴシが私だけのキャラじゃなくて、みんなのキャラになりつつあるのかもって思えたんです。ただ、『BEASTARS』をつくるのは私だけだし、しかも週刊連載でどんどん生み出していかなきゃいけないから、読者さんの反応に一喜一憂しないようになりました。読者に迎合するほうがもっと嫌がられちゃう。気づくじゃないですか、作者が読者に媚《こ》び始めてしまったときって。

松岡 漫画は単行本で読む派なので『BEASTARS』の連載時のリアルタイムの反応や炎上は知らなかったです。

板垣 直接「今までの巻数は何だったんですか！」ってリプが来ることもありました。最近は傷つきたくないっていう読者さんが増えてきている気もします。

松岡 確かに。私は、〝つくり出す人〟に対して、どんな展開であっても「これはありえない」とか「こんなのひどい」とか、そういうのを伝えるという選択肢はないので、直接伝えてしまうのは、どうなんだろう、と思っていたんです。でも、そういう批判があったことで、巴留さんは「いや、読者に寄り添いすぎても良くない」って気持ちを切り離せたとも思うから、意見を伝えることが全て間違いというわけでもないのかなって。そう考え始めると、難しいですね。

傷がかさぶたになるとき

板垣 でも、大抵のクリエイターは傷ついちゃいますね。人一倍繊細な人たちなので。だから、作家とSNSの付き合い方ってすごく大事な気がします。芸能人の方もそうかもしれない。

松岡 そうですね。私は表に出る仕事をしているから、テレビや映画に出て、容姿のことをいろいろ言われることもあるのですが、そういうのはあんまり傷つかないんです。それは好みの違いだし、

★11 レゴシ……『BEASTARS』の主人公。雄のハイイロオオカミ。高校2年生。
★12 ルイ……『BEASTARS』の主要キャラクター。雄のアカシカ。高校3年生。

みんなに好かれることはできないと思うから。

板垣 そうなんだ。

松岡 見た目の誹謗《ひぼう》中傷よりも、作品選びのこととか、お芝居のことを言われたときのほうが、ウッてなります。作家さんの場合は、絵のことで言われるよりも、内容についてのほうがより鋭利な刃になっているのかなって。

板垣 そうかもしれない。

松岡 読者も真剣に読んでいるからこそ、レゴシが足を食べたことに対して反応したってことですよね。そのことには思考が入ってると思うんです。例えば、私だと、見た目の好みのような、感覚的なことを言われるよりも「こういう作品を選ぶと思いませんでした」みたいな意見のほうが重いというか。

板垣 内面をえぐられたような。

松岡 そう。だからこそ、そういう意見ででた傷が、かさぶたになるときに自分が成長できるのかなって。何かを発信してたら、絶対につつかれるじゃないですか。

板垣 そうですね。

松岡 それこそ『BEASTARS』ってまだまだ続くことを望んでいたファンの人たちも多かったと思うんです。最終回を迎えたときにキツい言葉は飛んできましたか？

板垣 相当言われましたね。海外の人はより直接的というか、『BEASTARS AGAIN PLEASE!』みたいなメッセージも来たりもするけど、それはむしろうれしいというか。それだけ執着を持たれる作品を作ったっていうことだし、これからもまた作っていこうと思える。何かを作り続けていく以上、終わりを迎えたときに「どうして終わるんですか⁉」という反応はあるはずだし、仕方ないかなと思っています。それに『BEASTARS』ってまた帰ってこれる場所でもあるから、「まあまあ待っとけ」くらいの気持ちです。

松岡 やったー！

私たちを突き動かす力

松岡 何かを生み出したり、表現する仕事って、いつかどこかで枯渇《こかつ》する部分もあって、強い原動力が必要だと思うんです。私自身、それが年々変わってきているんですけど、今の巴留さんの原動力は何ですか？

板垣 強いモチベーションがあるというより、とにかく漫画を描いてる時間が一番楽しいというのが大きいかな。

松岡 わぁ～うれしい！ 一ファンとして、巴留さんが楽しんで描いていらっしゃると知ってうれしいです。

板垣 さっき、ネームが一番苦しいとは言いましたけど、一番楽しい時間でもあるんです。矛盾なんですけど。松岡さんの原動力は何ですか？

松岡 子役から中学生くらいまではなかなかオーディションに受からなかったので、「物語の軸になる役がやりたい」というのが原動力になっていました。20代になってだんだん軸になる役をやらせてもらえるようになってからは、「こういう役をやってみたい」という思いも大きくなりました。ただ、コロナ禍以降は、明日を迎えるのがつらいと感じている人に対して、例えば「この先、こういう映画の公開があります！」とお伝えすることで、目の前の苦しさから目線を逸《そ》らしてもらえたらいいなという思いが強くなりました。「来週の土曜にはあのドラマがあるからもう少し頑張ろう」とか。そんなふうに思ってもらえる俳優になりたいなって思います。

板垣 他者に向けてやってらっしゃるんですね。

松岡 今、そんな気がするんです。作品に入ってないときの俳優って基本的に暇なんですけど、作品に入るとものすごく喜んでる自分もいるので、もちろん自分のためもあるし、エゴもあると思うのですが。

板垣 作品がないときは何をしてるんですか？

松岡 ソファのカビになってます。

板垣 ゆっくりしてらっしゃるんですね（笑）。

松岡 そういうときに好きな漫画を1巻から読み返したり、掃除したり、ご飯を作ったり、生活のいろいろが好きだから、〝幸せ〟と思うんですけど、作品に入ると、どこかで自分が「やー！」って喜んでいるから、この仕事が好きなんだなあと実感します。

板垣 働くのがすごく好きなんですね。

松岡 そうかもしれません。

仕事とプライベート、どう切り替える？

松岡 ここだけは仕事に侵《おか》されないように気をつけていることはありますか？

板垣 そうですね。土日のどちらかは漫画のことを考えないようにしています。今、自宅が職場も兼ねているんですけど、仕事部屋以外には自分の漫画に基づいたグッズを置かないようにしてます。仕事のオン・オフの切り替えが難しいので、せめてものささいな抵抗として（笑）。

松岡 休みにアイデアがひらめいて、そのまま机に向かうことはないですか？

板垣 ほぼないかな。明日やろうとしますね。

松岡 私だと、「役の切り替えはどうしてるんですか？」と聞かれることがありますが、ないっちゃないし、あるっちゃあるっていうか。だからこそ、作品に入ってないときは、特に生活を大事にしたいって思います。

板垣 そのほうがいいですよね。

松岡 休日は何をされていますか？

板垣 必ず外に出るようにしてます。新宿とか銀座に行って買い物したり、おいしいものを食べに行ったりして、できるだけキャピキャピ遊んでます。

松岡 休み以外の日は缶詰ですか？

板垣 そうですね。ただ、夜は散歩するようにしていて。公園で毎日会う犬に顔を覚えられているんですよ（笑）。

松岡 「あいつ来たぞ」って。

板垣 そうそう。よく目が合います。

松岡 休みを増やしたいと思うことはありますか？

板垣 丸一日休んだあとに明日から仕事だと思うと、もう一日遊びたいなって思うこともありますが、合併号で1週間休みが取れることもあるので。

松岡 合併号ってどうしてあるんだろう？って思っていたんですけど、作家さんが休めるという側面もあるんですね。これからは合併号、喜びます！

板垣 ありがとうございます（笑）。合併号は作家への救済というか、進行がキツい人はそこでストック作らなきゃいけないんですけど、しっかり休んで旅行に行く作家さんもいます。

映像と漫画業界、これからの製作現場

松岡 少女漫画は月刊も多いから、単行本は大体一年に一冊出るぐらいのペースですよね。そろそろ刊行されるかなって

いうタイミングで、1巻から読み返して、最新刊が出るのを待つんです。

板垣　そんな読み方、作者冥利《みょうり》に尽きます。

松岡　週刊連載は単行本も早く出るからうれしいけど、作家さんには体も大事にしてほしいというか、一年に一冊でも全然待てます！って一漫画ファンとしては思ってしまいます。

板垣　作家から見ると、週刊というギリギリの状態で作っていたほうが面白いストーリーだったなとか、月刊で練り込んだゆえにスピード感なくなっちゃったなとか、思うこともあります。とにかく、週刊連載ってみんな正気じゃない状態で描いてて、それゆえに常軌《じょうき》を逸《いっ》したものが出来上がったりもするから。時代からめちゃくちゃ逆行したやり方ですけど。

板垣担当編集　すみません……。

松岡　でもそれはお互いさまですよね、編集者さんも休んでないってことだから。

板垣　そうだと思います。

松岡　それは、映像業界でも起きていることかなと。生活できないくらいの時間帯で作品を撮るのはやめていこう、という動きもあるのですが、みんなギリギリの状態で撮った作品が面白くなかったかというと、そうでもなかったりもするし。

板垣　そうかぁ。

松岡　追い込まれていたがゆえに生まれてしまったものもやっぱりあるのかなって。でも、そういう状況は絶対良くないことはわかってて。「じゃあ、どうすりゃいいんだ？」という話なんですけど。

板垣　ジレンマですよね。

松岡　時間をかけて撮影して、夜ご飯を家で食べられて、また翌朝撮影所に来てっていうのがいいのはわかってるんだけど、「あの瞬間、私たち燃え尽きたよね」って思ったりもするから。その難しさは感じます。

板垣 ちょっとずつ変わっていくんですかね。

松岡 漫画だったら隔週刊の雑誌が増えるとか？

板垣 作家がローテーションで休みを回している雑誌もあるという噂を聞いたことがあります。

松岡 どちらの業界もゆっくり変わろうとしているのかも。

板垣 それはいいことだな。

松岡 ちなみに『SANDA』[★13]は月刊にしようとは思わなかったのですか？

板垣 それはなかったです。週刊が自分には向いているという体感があったんで。相当体力的にしんどくなったら、月刊にしようかなと思いますけど。やれるうちはやっぱ週刊でやりたいですね。

忘れられない人

松岡 『BEASTARS』も『SANDA』も学校が主軸になっていますが、それは巴留さんが学校で感じたことがたくさんあったからでしょうか？

板垣 そうかもしれない。学校ってやっぱりすごい場所じゃないですか。感情の城というか、全ての感情が渦巻いてる。そういう畏怖《いふ》が学校にはあって、ドラマが起きるとしたらここだなってずっと思っています。

松岡 巴留さんには、恩師のような方はいましたか？

板垣 高校生のとき、本気で恋しちゃった先生がいました。[★14] あの人に影響は受けた

★13 SANDA……板垣巴留の漫画作品。『週刊少年チャンピオン』（秋田書店）で連載中（２０２３年11月現在）。

★14 高校生のとき、～先生がいました……『パルノグラフィティ』第16話に描かれたエピソード。

かな。

松岡 先生としても素晴らしかった？

板垣 そうですね。美術の先生で。私は普通高校の美術学科で、その担任だったんです。物腰が柔らかなのに体が異様にバキバキで。オス度が高い人が好きになった私の原点です（笑）。

松岡 エッセイで拝読したのですが、ご結婚されてるんでしたっけ、その先生。

板垣 そうなんです。学内に奥さんもいて。奥さんと普通に食堂でご飯を食べてることもあって、友達から「見るな！」って言われてました（笑）。

松岡 あはは。学校の先生ってなんでこんなに自分の記憶に残ってるんだろうって思います。大嫌いだった先生も大好きだった先生も同じように記憶に残ってます。

板垣 変な人、多いですしね。

松岡 多いですよね（笑）。でも、今、思うと先生って年齢がすごく若かったんですよね。

板垣 わかる！

松岡 今の自分と変わらない年の先生を困らせていたんだな、と反省しています。実は私も好きな先生がいたんです。その人もオス感の弱い人でした。

板垣 二人ともブレないですね（笑）。

松岡 そうですね（笑）。体は大きいクマさんみたいだったけど、サグワンさん★15みたいに、性別を感じさせない方で。私はちょっとでも可愛く思われたいから朝早起きして髪の毛セットしたりして。でも、在学中に結婚されて、結局叶わぬ恋でした。

板垣 いい思い出ですね。

何のために仕事をしているんだろう

松岡 『BEASTARS』の世界は私たち

が人生で向き合っている〝対比〟にいくつ当てはまるだろうと思ったんです。肉食と草食という対比は、男と女、大人と子供、差別にも捉えられて頭を抱えました。生きていくことって残酷な側面もあるのに、忘れたふりをしているんだなって気づかされたんです。そうやって私たちが普段気づかないようにしていた生の残酷さが『BEASTARS』に描かれてて、強烈に惹かれました。

板垣 光栄です。

松岡 しかも、そういう剝き出しの生の美しさを描いた漫画家さんが同世代だったと知ったときの衝撃が大きかった。当時20歳そこそこの私は〝世間に認められたい〟みたいな欲が強かったんですけど、同世代がこんなに美しいものを生み出していると知ったときに、自分は何のために仕事をしているのかを考えようって立ち止まれました。

板垣 ありがとうございます。

松岡 電子版で漫画を読むことも多いのですが、巴留さんの作品は必ず紙の単行本を買っているんです。巴留さんの作品は見開きでぶん殴ってくることがあるから。紙のページをめくった瞬間に「うわー!」って殴られる感覚を味わいたくて。それこそ『BEAST COMPLEX』2巻の牙落式《がらくしき》★16のシーンで、見開きでぶん殴られるページがあって、紙で買ってよかったって思いました。

巴留さんはずっと紙で描かれていまし

★15 サグワンさん……『BEASTARS』に第13巻から登場するゴマフアザラシのキャラクター。

★16 牙落式……『BEAST COMPLEX』第2巻「オオカミとウサギ」内のエピソードに登場する儀式。肉食獣に傷を負わされた草食獣がその傷を負わせた肉食獣とお祓いをする。

たが、最近はデジタルを取り入れられ始めたんですよね？

板垣 そうなんです。コロナになって対面でのやりとりが難しくなったこともあって。

松岡 やってみて、どうですか？

板垣 かなり働きやすくなりました。スタッフさんも事務所に通わなくていいから、移動の負担を減らせているかなと思います。顔を合わせておしゃべりできないのは寂しいですけど、音声をつないでやってるんで、オンラインでも私の無駄話にみんな反応してくれたりしてます。

松岡 温かいですね。

板垣 そうですね。私は基本しゃべっていたいんです（笑）。今のところ、デジタルに移行してもデメリットはないかも。

松岡 単行本のカバーの折り返しで、「どうして紙で書かれてるんですか」という問いに「実体があったほうがかっこいいに決まってるから」と答えていて。その言葉にノックアウトされました（笑）。

板垣 紙に書いた原稿をそのまま担当さんに渡すのがいいんですよ。原稿にトーンを重ね張りするとその分、重くなるのでその重みを渡すのがいい。

〝かっこいい〟とは

松岡 そういえば、『BEASTARS』を読んでいて、一番多かった〝瞬間最高感情〟は「かっこいい！」だったんです。美しいとかつらいとか悲しいとかいろんな感情が湧き上がってきたんですけど、「かっこいい！」と感じることがとても多くて。『BEASTARS』の由来がわかる場面、おじいちゃんのゴーシャ[★17]とヤフヤ[★18]が対峙して、二人がドン！　と見開きで描かれているページで、私は奇声をあげました。

板垣　ありがとうございます。

松岡　巴留さんが思うかっこいいって何ですか？

板垣　難しいな。かっこいいかわからないけど、嘘がないことかな。ラジオが好きなのも嘘がないと感じるからです。

松岡　確かに、嘘なしですね。

板垣　爆笑問題さんと伊集院光さんのラジオが特に好きなのですが、嘘のないかっこよさがあるなって思ってます。私自身、人とお付き合いする上でもそこを一番大事にしています。

松岡　私にとってのかっこいい人って、ゴーシャさんみたいな俳優の先輩方なんです。今ぱっと浮かんだのは、津川雅彦さん。『BEASTARS』でゴーシャさんを見ると津川さんを思い出していました。

板垣　それこそ芸能界はかっこいい人たちの集まりですもんね。

編集部　松岡さんが考える、かっこいいってどんなことでしょうか？

松岡　巴留さんのおっしゃる通り、嘘がないことはかっこいいなと思います。もちろん、その場を円滑に進めるために相手の意見に合わせることもあるよなと思うんですけど、許せないことに対する嘘はつきたくない。そう思うようになったきっかけは中学生くらいのときに、大人から理不尽なことで怒られてすごく怖かったから、嘘ついたんです。「私が間違っていました、ごめんなさい」って。でも、嘘ついたときに、心のなかで吐き気がしちゃって。私、こ

★17　ゴーシャ……『BEASTARS』に登場するコモドオオトカゲのキャラクター。主人公レゴシの祖父。

★18　ヤフヤ……『BEASTARS』に登場するウマのキャラクター。「ビースター」の称号を持つ、英雄的存在。

のタイプの嘘だけは絶対つかないぞって。許せないことに同感はしたくないと思うようになりました。…あれっ？

板垣 かっこいいのかそれって。

でも、わかります。

怒りのエネルギーで生きている

松岡 巴留さんが許せないことはありますか？

板垣 そんなにないかも、私は。

松岡 ブチギレることないですか？

板垣 その行為にその人なりの美学があれば、罪を犯す以外は何をしてもいいんじゃないかって思ってるんです。だから、ぱっと思いつかない。

松岡 喜怒哀楽のどれかを背負って生きているとしたら、私は絶対に〝怒〟だなと思って。怒りのエネルギーで生きていると自分でも思うんですけど、巴留さんはあまり怒らない？

板垣 いや、短気で怒りっぽいんですけど、その怒りが自分に向くんです。「なんでできないんだ！」とか「なんでまた乗り換えを間違えた！」とか（笑）。

松岡 乗り過ごすの、よくわかります。

板垣 だから他人に対して「不謹慎だ！」って怒っている人たちってどういう気持ちなんだろうと思ったりもします。

松岡 手持ちの小石を投げたくて仕方がないのかな。芸能人に対してもそうですけど。

板垣 そう考えると、私は松岡さんにとっては敵な存在かもしれないけど、芸能ゴシップがすごく好きなんですよ。

松岡 全然敵じゃないですよ（笑）。

板垣 人間模様に惹かれちゃうんです。

松岡 記事によっては、内情を察して、胸が痛くなったり。

板垣 ですよね。最近は稀《まれ》に漫画家も不倫とかでスクープされて、芸能人みたいな扱いを受けることもあります。

松岡 いろいろなことが取り沙汰されるから、みんな身動きが取りづらくなりますよね。

板垣 そう考えたら、私も〝怒〟の感情が多い気がする。ただ、陰湿な怒りではなくて、社会や政治、環境問題に対して「なんでこんなことが起きてしまったんだ！」っていう〝炎の怒〟というか。大きな話になりますけど、今、日本は破滅に向かっている感じがしていて。そんな終わりゆく国に対して目を逸《そ》らすよりは怒りで頑張っていくしかないなって思うんです。

松岡 ニュースを見て、怒りを覚えることも増えてきました。

板垣 政治にどんどん関心が向いてきますよね。

松岡 はい。だからこそ、漫画が表現してくれていることってすごく大きいと感じます。人としての倫理観が子供のうちから心に伝わるから。自分でページを捲《めく》って、自分のペースで読めて、絵と言葉で理解するってすごいことだと思うんです。

板垣 だからなのかな。漫画の主人公って、極力いいやつのほうがいいってよく言うんです。

松岡 その点、レゴシっていいやつだけど常に葛藤してるから、すごく励まされました。ただ、たまにレゴシにムンムンとした思いを抱えてしまっている自分もいて。いさめながらも、ある種の恋をしていたと思います。

板垣 意外と女性人気が高いんですよね。うれしいです。

私は老害になりたい

松岡　巴留さんは、どんなおばあちゃんになりたいですか？

板垣　極端なこと言うと、老害になりたいというか。

松岡　え！　若い子をいじめるおばあちゃんってことですか？

板垣　元気なおばあちゃんでいたいっていうか。「あの人の担当になりたくない」って若い編集さんが言うようなうるさいおばあちゃんでいたいかな。

板垣担当編集　巴留さんはよく〝老害願望〟をおっしゃってますもんね。

松岡　老害願望？　その4文字初めて聞きました（笑）。

板垣　私は若者に一番光があたるべきだと思ってて、そのなかで悪役でいたい気持ちがあるんです。若者が輝くための厄介なヒールというか。そんな気持ちです。

松岡　なるほど！

板垣　松岡さんは、どんなおばあちゃんになりたいですか？

松岡　私は、愛されるおばあちゃんになりたい（笑）。

板垣　ド真逆――。

松岡　「まゆばあと一緒にいるだけで落ち着くな」とか若い子に言われたい。

板垣　このまままっすぐいけば、きっとなれますよ。

アラサーは難しい？

松岡　最近、アラサーって難しいなって思ってて。これからの人生設計を考えると、仕事だけじゃなく、プライベートでもいろんな変化が周りで起き始めていて、やりたいことの優先順位をどうつけるかを考えなきゃいけないのかなって。今、私たちが悩んで、出していく答えで、次のアラサーがちょっとでも生きやすくなるようになってたらいいなって思います。

板垣 なるほど。

松岡 巴留さんはアラサーになってみてどうですか？

板垣 上々かなって感じ。

松岡 最高～（笑）。

板垣 20代は精神的にも肉体的にも大変だったけど、アラサーは一番安定すると思ってます。私、浜田省吾さんが大好きでライブに行くんですけど、そこで毎回年齢調査みたいなことをされるんですよ。

松岡 「20代の人――？」みたいな？

板垣 そうそう。そのときに、浜省さんが「20代大変だよな、30代から楽しくなるぞ」っておっしゃっていて。その言葉のプラシーボ効果があるのかもしれない。

松岡 聞きますよね、30代以降楽しいっていう噂は。30代の目標はありますか？

板垣 作家としてはもっと売れたいっていうのもあるけど、最近は長くこの仕事を続けたいっていう気持ちが大きいですね。死ぬ間際まで描いていたいから。それを叶えるには超絶大ヒットを生み出すよりも、板垣巴留の漫画をこれからもいっぱい読みたいというファンが増えるような作家になることが大事なのかなって考えてます。やっぱり、超絶大ヒットを生み出した作家さんって、その後がものすごく大変そうだなと思うので。

松岡 私は『BEASTARS』を超絶大ヒットだと思っていたんですが、巴留さんのなかでは違うんですね。

板垣 メディアで『BEASTARS』が紹介されるときって、スマッシュヒットってよく言われるんですよ。

松岡 出た、スマッシュ！　映画もあります、スマッシュヒット。

板垣　なんか、スマッシュってディスじゃないですか!?

松岡　ディスですよね（笑）。大ヒットとは言ってくれないんだ、って思います。

板垣　だから、あー自分はまだまだだなって。

松岡　境界線があるんですかね？　ここまでは大ヒットって言っちゃいけないとか、誰が決めているんだろう？

板垣　気になりますよね。でも、まだまだこの先長いし、もうちょっと頑張ろうって思います。松岡さんの30代の夢は何ですか？

松岡　今できる役をやりたいなって思います。特殊な設定がない限り、もう学生服を着る役はできないだろうし。

板垣　年齢に沿って。

松岡　そうですね。だから、今しかできない役と出合いたい。そういう役を追いかける30代でありたいなと考えてます。

最終回だけ受け取れない

松岡　私事ですが、実は大好きな漫画の最終回が読めないんです。ドラマもそうなんですけど、終わるのが悲しくて最終回だけ受け取れない。大好きな漫画もドラマもほとんど最終話の手前になると見れなくなっちゃう。

板垣　なんと。

松岡　だから、作品の結末を知らないことも多いのですが、『BEASTARS』は最後まで向き合わないと、と思って。それって巴留さんが、私たちファンと向き合い続けてくれたからなんだろうなって、今日思いました。『SANDA』も絶対に最後まで読みます。

板垣　ありがとうございます。

今日はあの松岡茉優と会う!!
その日私はなぜか…
1時間半かけて化粧した
あ マスカラ失敗した…
初めまして松岡ですー!!
松岡さんのうっすらしたナチュラルメイクと私の厚化粧がとうとうご対面!!
ここで50恥
いや…ナチュラルメイクと見せかけて実は作り込まれていたのではと疑いたくなるくらいとにかくおきれいだったのだが
今回私の作風を反映させて松岡さんを
勝手ながらゴールデンレトリバーとさせてもらう
(当日の髪形と光って見えるオーラと人当たりの素晴らしさから決めました)
あ コーヒー飲みますか?
COFFEE
え!?
こういうのって芸能人がやるものなの!?
いいんですか
私たちがやりますから!!
やっぱそうだよね…
いい人だな…

さて対談が始まり 少しは緊張しろよと 自分に突っ込みたくなるくらい
話ははずみ…というか松岡さんがすごいお話し上手で
松岡さんが常に受け取りやすいボールを投げてくれて…
私が投げるボールをすごく楽しげに受け取ってくれるから
こんな楽しいキャッチボールはないわけです
かといって それがモテモテのテクニックって感じでもなくて
たまに見せるカゲのようなものが容易に人を寄せつけないオーラもあり
ああ…私 すてきな女優さんとお話ししているなあ…
と しみじみ思ったりもしました。
それに こういう対談て帰り道すごく気疲れしているものなのに
すっごく楽しかった〜
松岡さんいい人だったなぁ
その日は足取り軽く…
ハッ
ネットで見たことある…会話が楽しい時は相手が気を使ってくれてるから…って
と だいぶ気持ちよく喋っていた私でした
調子にのって色々喋りすぎた私でしたが…
またお会いした際には私にも気使わせてくださいね 松岡さん!!

座談編　松岡茉優の裏側――
前代未聞!?　本人不在の“お身内６人”座談会

テレビの画面では見ることのできない松岡茉優の裏側、素顔が知りたい！
この本を担当する編集のリクエストにより、
松岡をよく知るスタッフやマネージャー、そして実妹が集合した。
松岡茉優の身内的存在とご家族だからこそ語れる、本人不在の座談会が実現。
まさに舞台裏、松岡茉優の裏エピソード満載です。

裏松岡…
私もドキドキです！（笑）
松

ほんとうは“82歳のおばあちゃん”!?

――今日は、松岡茉優さんをよく知るみなさんにお集まりいただき「実は松岡茉優ってこんな人」という裏エピソードを教えていただこうと思います。

T　私はいつも「お松」と呼んでるんですけど、お松はまだ28歳なのにいろんなことを知っていたり、話し方とか言葉のチョイスの仕方も、40代の私より年上なんじゃないかと感じることがあります。

梅山　そうそう。「実は60歳ぐらいじゃない?」と冗談を言ってたんだけど、だんだん「もしかして65歳じゃない?」「本当は70歳?」と増えていって、今は「82歳なのでは?」ということで落ち着いていています（笑）。

池田　お仕事をご一緒するたびに、おすすめのものを教えてもらってよくポチってます。

T　絵本でも便利グッズでも、なぜか多岐にわたってよく知ってますよね。あれは昔からですか？

座談会参加者プロフィール
（　）は松岡からの呼び名

宮本愛（愛さん）…ヘア&メイクアップアーティスト。２０１４年以来、松岡の雑誌やテレビ出演時のヘアメイクを手がける。松岡とは家族のような仲。

梅山弘子（梅山さん、弘子さん、ずるやま先生）…スタイリスト。２０２１年より、松岡の広告やテレビ出演時のスタイリングを手がける。おいしいものを知り尽くし、松岡と食の話で盛りあがる。

池田未来（みくさん）…スタイリスト。２０１５年より、松岡の雑誌やテレビ出演時などのスタイリングを手がける。

T…チーフマネージャー。親身に寄り添うお姉ちゃん的存在でもある。

にっしー…現場マネージャー。松岡と同い年だが、みんなの妹的存在。

妹ちゃん……スペシャルゲストとして、松岡の実妹が登場。

18才だったよ

妹　昔からおばあちゃんみたいなところがありました。口癖のように「あら～」「まあ！」とよく言うので、その言い方でもおばあちゃんっぽく思われるのかもしれませんね。

そうなのか…

T　私たちがお松に会うときは仕事の側面だけど、家族と一緒にいてもその口癖は変わらず出るんですね。

妹　わりと言ってますね。たぶん自然体だと思います。

梅山　私は50代だけど私より絶対年上だと思う！

引っ越しは苦手？

――宮本さんは、松岡さんとのお付き合いが一番長いですよね。

宮本　２０１４年のドラマ『ＧＴＯ』のころだから、茉優ちゃんはまだ10代のころかな。最初は雑誌の編集部からご依頼いただいてメイクさせてもらったんだけど、雑誌の撮影のあとに『ＧＴＯ』の打ち上げがあって、茉優ちゃんがおばあさまが昔着ていた小花柄のワンピースを持ってきていたんです。せっかくだからと、そのワンピースに合わせてきちんとメイクしたりして。そのあと、またお仕事に呼んでくれて、もうすぐ10年になりますね。

ありがとう、かわいくしてくれて

T　お松の引っ越しも手伝ってくれたことがあるんですよね？

宮本　「キッチンの片付けが手付かずで…」と言っていたので、「ほんとになんかあったら言ってね」と返したら、「すみません、ほんとうにいいですか?」と丁寧なメールが来て。おうちにお邪魔して、次の日が引っ越しだったので黙々と2、3時間しゃべらずに作業しました。気を使って何かを話しながらでもなくて、二人とも黙々と。その感じが、もう家族のようだなって。だから、たまに妹のように感じることがあるんです。

「みんな食べよう」が口癖

宮本　茉優ちゃんの口癖でいうと、「みんな食べよう」ってよく言いますよね。差し入れにおいしいものがあったりすると、「みんな食べよう」って。

梅山　それは本当によく聞きますね。

宮本　一度メイクしながら、お腹が「ぐー」と鳴ってしまったことがあったんです。そしたら茉優ちゃんが「今、メイクしなくていいから、とりあえず食べて！もう一個食べて！」って（笑）。茉優ちゃんはいつも〝自分の周りの好きな人たちに楽しくあってほしい〟と思っているタイプで、私のアシスタントもすごくかわいがってくれるんです。

おいしいもの大好きチーム

　そして茉優ちゃんの周りには、いつもおいしいものが集まってくるんですよね。梅山さんもグルメですし。

梅山　私は、ただの食いしん坊です（笑）。茉優ちゃんは、おいしいもの話が盛り上がれる貴重な食いしん坊仲間です。

宮本　梅山さんにおいしいお店を聞くと、茉優ちゃん、マップにピンを立ててるんですよ。

梅山　ロケに行ったときも、「この近くに、梅山さんが言ってたおいしいたい焼き屋さんが！」って覚えていてくれて。撮影中にこっそりにっしーが買いに行ってくれて、撮影後に控室に戻ったら、テーブルにたい焼きの山があった（泣）。そのときも「みんな食べよう～」って言っ

いつも幸せな時間をありがとう

おつかいありがとう

てた（泣）。

アシスタントに甘い！

梅山　私は茉優ちゃんと数年の付き合いだけど、池田さんはもっと長いですよね。

池田　２０１５年に私がスタイリストとして独立したタイミングからです。お会いしたときから茉優ちゃんは大先輩でしたので、リスペクトしかないです。映画が大好きで、もちろんたくさんの作品を見ていますので、今もお会いする前はドキドキするんです。心遣いが素晴らしいのと、よく周りを見ている人だと思います。

　宮本さんが茉優ちゃんはアシスタントに優しいとおっしゃってましたけど、私のアシスタントが初めて独立したときも、すぐに初仕事を頼んでくださったんです。泣けました。

すごーくうれしかった。あらためておめでとう！！！♡

宮本　大事な人に幸せになってほしいと願う人なんですよね。

池田　私が妊娠中、安定期前だったのでどなたにも知らせていなかったときに、フィッティングルームでいつも通り仕事していたら、茉優ちゃんが私のお腹を触って「いるよね？」って言ったんです。

T　周りの人のことをよく見てますよね。

池田　何か違うってわかったんですね。さすがです、と思って、衝撃でした。

梅山　一番近くにいる現場マネージャーのにっしーはどうですか？

にっしー　みなさんがおっしゃる通り、気遣いの人なんです。現場でストレスがかかる場面ってどなたにもあると思うんですが、近くの人を無下にしたりしないんです。お願いごとも「これやってほしいんだけどいいかな？　時間あるかな？」ってこちらを気遣ってくれる。現場のマネージャーってそれが仕事なのに、「無理があったら言って」「嫌なことがあったら言って」って言ってくれるんです。それで私が相談をしたときも、建前でなくて本気で受け取ってくれて「よし、じゃあ改善しよう」って言ってくれて、すごくうれしかったです。

記録に助けられて

――妹さんから見て、どんなお姉さんですか？

妹　姉というより、保護者ぐらいの感覚なんです。誕生日プレゼントとかも、これほしかったもの！というものをくれたり、第六感的な才能があるのかなって。それも経験からくる蓄積されたものが、努力の結果として表れるんだろうなって思います。

　それとすごいなと思うところに、いろいろなことに気づいて周りを気遣うけど、自分がヘルプを出さなきゃいけないときには出すべき人に出している気がします。適切な人に頼むことも難しいのに、言い方もその人に合わせ、かつ、お姉ちゃんの言いたいことが伝わる言い方を意識しているように思います。そういうところも、お姉ちゃんはすごいなと尊敬しています。私もそういうふうに人のことを見て、助けてほしいときに助けてと言える人になれたらなって思っています。

――姉妹喧嘩みたいなことはありますか？

妹　小さいころは、飼っていたトイプードルの子をどちらが抱っこするかで喧嘩したことはありましたけど（笑）。

いつも助けられてるよ。ありがとね ☺

でも、姉の仕事が忙しくなったころから、姉から保護者に進化したような感じなんです。いつもいろいろしてくれるので、いつか姉に恩返しできたらいいなと思っています。

宮本　茉優ちゃん、いつも楽しそうに妹さんの写真を見せてくれるんですよ。

梅山　すぐ出てくるよね！

宮本　「うちの妹、かわいいでしょ？」って（笑）。

T　そういえば、愛ちゃんはお仕事ごとにフィルムカメラでお松を撮ってますけど、始めたきっかけは？

宮本　コロナ前からだから、もう4年くらいかな。とりあえず現場ごとに1枚、フィルムカメラで撮りためてみようと思ったんです。どこかで使うためではなくて、あのときこんな髪型をしてた、あんな服を着てたという面もありますが、撮りためることで記録

「ちはやふる」くらいだから もう7、8年だよ

になったらいいなと。茉優ちゃんが苦しそうなときを見ていたこともあって、あとから振り返って「あのときからちょっと進んでるな」「少しは変われているな」と背中を押せたらなって。記録ってすごく説得力があると思うんです。

梅山　愛ちゃんが撮るから、より自然な表情しているし、ずっと続けてほしい！

宮本　1年分を年末やお正月にまとめて現像して、みんなで見て笑ってます。そういう時間も含めて、松岡茉優の歴史の記録になればと。

T　そういう意味では、この本もそうですよね。俳優生活20周年に大好きな人たちと一緒に本をつくって。

宮本　でも私が撮ってるから、ふざけた写真もいっぱいありますよ。茉優ちゃんが風邪をひいてしんどそうにしている

みんなの力で出来ました。

ときもあるし、（池田）未来さんのギャルファッション時代とか、是枝裕和監督が写っていたり、写真にいろんな人が写っています。

松岡茉優に演じてほしい役はこれ！

――ここで松岡さんからお題を預かっております。よく取材で「これからどんな役を演じてみたいですか？」と質問されて、返事に困るそうです。そこで、大好きなみなさんの意見を聞きたいそうです。

梅山　お母さんの役かな。

池田　私も！　母親になると喜びもあるけれど、葛藤もありますよね。それを茉優ちゃんがどう演じるのか気になります。

宮本　40代になった松岡茉優も面白そう。

梅山　茉優ちゃん、ご自分で「40、50歳になった私は面白いですよ」って言ってましたね。でも、茉優ちゃんが50歳になった姿を私は見られるかなぁ。実は、私の娘が茉優ちゃんと同じ年齢なんです。世代が離れているのに、今、一緒にお仕事できるのがうれしくて。

宮本　梅山さん、長生きしてね。

梅山　頑張るよ…。愛ちゃんは？

宮本　いろいろ考えてみたんですけど。弁護士や検事も似合うけれど、私は『勝手にふるえてろ』の茉優ちゃんが大好きなんです。あれは松岡茉優にしかできない役だと思う。あとは、おこがましいんだけど、ある意味、身内感覚で見てるから、スクリーンの中の松岡茉優がハラハラすれば見てるこっちもハラハラするし、どんな役を演じるにしても、

こちらこそです。いつも素敵な服を着せてくれて、ありがとう。

茉優ちゃんならどうするのかなって、いつも気になっています。妹さんは、どんなふうに茉優ちゃんの演技を見てるの？

妹　難しいんですけど、映像になると空間が隔《へだ》たれているから、お姉ちゃんというより、物語の人物として見ています。

宮本　それは作品として面白く見ているっていうことだよね。

妹　はい。

にっしー　私は、医療ものとかの「お仕事もの」を演じたら、松岡さんはピカイチだと思います。なので、逆にもっとユーモアのあるぶっ飛んだ役や、反対に天然な人とか感覚がズレた人も見てみたいです。

T　一緒に仕事をすることになったときにどんな60歳になりたいかを話しました。理想の60歳に向かっていくなかで、30代で何をするべきか、40代でこんなことしてみたい、と逆算して考えてみようと。そこを大切にして、あとはそのときのご縁で成長していけたらと。

　松岡茉優は、にっしーが言ったように「お仕事もの」が本当にうまいと思う。弁護士や裁判官とか、見ている人は普段の生活であまり関わりがないかもしれないけれど、ドラマを見ればどういう仕事か知ることができて、それによって誰かの人生の角度が少し変わるかもしれない。それがエンタメの魅力だと思うんです。そういう意味でも、裏方で頑張っている職業をたくさん演じてくれたらと本人に伝えています。妹ちゃんは？

うれしいです！

妹　本人にとっては演じるのはつらいかもしれないけれど、自分と価値観が真逆の、倫理的に許せないような人を演じたら、どんな感覚になるんだろう？　絶対に混じり合わない価値観を、お姉ちゃんはどう取り込んだろうというのは気になります。

T　どんな悪人でも、何かしら筋が通ってないとエンタメにならないから、お松はどう演じるのか、確かに気になりますね。

楽屋で寸劇?!

宮本　恥ずかしいんですけど…私たち、よく楽屋の待ち時間とかに架空の設定と役割を振って、寸劇をやってるんです…。

池田　やってる（爆笑）！

にっしー　楽屋が銀座のクラブになって、みなさんがなりきってお芝居が始まったりしますよね（笑）。

梅山　茉優ちゃん、銀座のママとかピカイチなのよね！

みんな優しいんだよね（笑）

ほんとお上手。

宮本　そう～（笑）、私たちがチーママやったり。面白いから、楽屋でいろんなキャラクターを振っちゃうんですけど、演じてくれるんです。

池田　なんか贅沢だなあって思います。

メイクを落とすのが名残惜しい

――ご本人のいないところで松岡茉優の知られざる素顔を話していただく、というコンセプトだったんですが、今のところいい話ですね。

梅山　私は茉優ちゃんと仕事をしてまだ2年半くらいだからなぁ。いつもすごく楽しく仕事させてもらっているんだけど、愛ちゃんや未来ちゃんは？

宮本　茉優ちゃんとのお仕事はいつも楽しいです。茉優ちゃんは、衣装やメイクの意図をすごく理解して、カメラの前に立っているんだと思うんです。だから、茉優ちゃんがカメラの前に立つとすごくワクワクします。昔はヘアメイクのイメージを合わせるために戦ったこともあったけれど、その都度二人で話し合ってきて、それがあったからこそ、今は何も言わなくてもつくりたいヘアメイクが一緒になってきていることが楽しいです。

池田　お洋服のこともよく見てくれるんです。なぜこういうデザインを提案しているのか、理解して着ようとしてくれているんだなと思います。

T　メイクでも服でもAとBの2パターンで迷っているときは、みんなの意見を優先しますよね。お松は自分の好みよりも、みんなから見た意見を尊重しますね。

梅山　信頼してもらえてありがたいなぁって、いつも思ってる。

宮本　経験を重ねて、幅が広がってきたんだなと感じます。自分を守らなきゃいけないときもあったと思うけれど、みんなと一緒に作品を作っていくことで、周りの人に判断を委ねられるようになったのかもしれない。

池田　作品の役柄を伺ってスタイリングを考えて、役柄や設定の延長線上で「こんな茉優ちゃんを見てみたい」という提案をしたりすると、茉優ちゃんが「未来さんはこれでしょ?」ってわかってくれているんです。茉優ちゃんがいいなと思うものと意見が合うとうれしいですね。信頼し合いながら仕事できるのが、この上ない幸せです。

宮本　撮影の帰り道、茉優ちゃんはいつもみんなと別れるのを名残惜しそうにしてますよね。撮影が終わればメイクを落とすんですが、名残惜しそうに「このアイメイクはもう見納めだよ」と茉優ちゃんが言うから、私たちが「はいはい、見ましたー」って(笑)。「今日、巻いてくれた髪はこれで見納めだよ」「それも見ましたー」って言いながら、撮影が終わってもずっとおしゃべりしてますね。いつも離れ難いというか、今日も楽しかったなって思うんです。

「みく節」のお洋服がいつも楽しみ♡♡

365日サンタさん

――せっかくなので、松岡さんのお茶目なところも教えていただければ。

宮本　うーん、茉優ちゃんは荷物が多い!　買い物の量も多いんです(笑)。今はずいぶん少なくなったとおっしゃってましたが、その根っこは周りのみんなに渡したいという性格なんだと思います。

次はいつ会えるかなぁってね

妹　365日サンタさんみたいな感じで(笑)。

宮本　そうそう。海外ロケに行ったときも、お土産屋さんに入って「これ、いいよね?」と言うと、これもあれもとパッパッと買い物かごに入れていく。これはこの人にあげたい、これもあの人にあげたいとたくさん買って、いつもみんなに何かをお裾分けしている。なので、集合時間直前まで買っているみたいで、ギリギリの時間に部屋に戻ってみると、荷物のパッキングが終わってなかったり(笑)。

にっしー　連続ドラマの撮影は決まった楽屋を数カ月使うんですが、撮影が終わって楽屋を出るときには、大量の荷物を持って帰ってます(笑)。

T　お休み前の小学生みたい

ほんとにすみません。

365日営業中!!!!

にね（笑）。いつもみんなにいろんなものをプレゼントしていて、私もお松と仕事をした日は、私の子供たちが「今日はおいしいものはある？」と聞いてくるほど。

にっしー　私もいつも有難く受け取っています。お楽しみ袋みたいにいろいろ頂いています。

梅山　茉優ちゃん、よく箱買いしてますよね。ある日、茉優ちゃんのバッグを持ったら、岩が入ってるの？ってくらいすごく重かった（笑）。

にっしー　送迎車もたくさん荷物を積んでいます（笑）。

T　あそこからいろんなものが出てきますね。

スタジオで梅を干す!?

宮本　梅が積んであるときはびっくりしたなぁ。

T　お松、スタジオで梅を干したりしてるんです（笑）。連続ドラマの撮影に入ると、お休みがいつ取れるかわからないということで、天気がいい日に撮影現場に梅を持ってきて、日当たりのいいところに干してました。

にっしー　松岡さんは、お料理も好きですよね。

T　自分で料理するのも好きですよね。お松の作った梅シロップを氷と炭酸水で割って頂いたら、ジメジメした梅雨の疲れも軽くなって。去年、倒れなかったのは、お松の梅シロップのおかげです。

妹　私は、昔、ナスが嫌いだったんですけど、お姉ちゃんがナスのお味噌汁を作ってくれて、苦手を克服することができました。お姉ちゃんは何事にも真面目で、料理家ですか？というくらい、凝った料理も作るんです。

宮本　不思議なのは自分で梅干しをつくっているのに、梅干し屋さんからも梅干しを買ってること。「年に1回しか買えない梅干し屋さんだし、これを逃したらいつ買えるかわからない！」と言ってたけど、そんなに梅干し必要かな（笑）。

妹　うちにも梅干しのお裾分けがありました（笑）。お姉ちゃんは常識がある人なのに、常識にとらわれないところもありますよね。

宮本　抱き枕もそうだった！これはいい、となったらいくつも買って人に勧める。

妹　すごく繊細で、周りの人を気遣ってくれるんですけど、自分に対してもそれを発揮してくれたら、見ていて安心できるのになと思います。

宮本　ほかにお姉ちゃんに直してほしいところはある？

妹　いつも食べ物をたくさんくれるんだけど、そんなに食べきれないから、母と「よし、頑張ろう」と言ったりしてます（笑）。

お姉ちゃんがお母さんで、母が長女、私が次女

――ご家族一緒のときはどんな雰囲気なんですか？

妹　みんな食べることが好きなので、よく食事に行くんですけど、食べ物の話だったり、本の話だったり、とりとめもないようなことを話しています。家族と一緒にいるときは、お姉ちゃんがお母さんで、母が長女、私が次女のようになるんです。しっかりしているように見えて、意外なところで抜けてるところは似てるかもしれません。

宮本　お姉ちゃんとお仕事の話をすることは？

妹　「この役でこういうシーンがあるんだけどどう思

← 梅山さんだって送料無料まで買うじゃん!!← そうだったの？ 知らなかった。うれしいなあ――。

← ごろねこサミットね

う？」と意見を求められたことはありますけど、それもたまにですね。自分が客観的にどう見えるのかは、誠実に気にしているのかなと思います。

T　確かに現場でも、「さっきのシーンはどうでしたか？」とスタッフに聞くことがありますね。自分の意見があって、その上で人の意見を聞いて柔軟に考えることができるのってすごく大事なことだなと思います。これからも肩の力を抜いて、好きなお芝居を楽しんでくれたらと思います。

宮本　今の環境がいいのかもしれませんね。ここ数年、茉優ちゃんはよく笑うようになったと思うんです。周りに自分の好きな人たちがいて、頼れるようになって、お願いしていいんだなという余地がでてきたというか。

ありがとうございます☺！

50代を楽しみに

宮本　作品に入っているときに、家族で食事をしたり、お姉ちゃんに会うことはありますか？

妹　よく会いますね。きっと今しんどいんだろうなと感じるときでも、いつも通りに優しく接してくれます。怒りの原因と自分の感情を切り分けて他の人に接しているんだと思います。たぶん、お姉ちゃんはイライラしている人を見て感じる怖さを理解していて、雰囲気だけでも周りの人が重くなっちゃうことがわかっていて、行動できるからすごいなと思います。

　この前も大変な現場だったと思うのですが、白米を炊いたら、おにぎり2つくらいぺろっと食べてくれて。「ご飯食べたら頑張れる」って、もりもりご飯を食べてくれてちょっと安心しました。

宮本　ご飯を食べたら頑張れるって、いつも言ってますね。

池田　あ！一つ直してほしいところを思いつきました。茉優ちゃんはこだわりもあるし、いいものもたくさん知ってるのに、繊細なシルクのインナーを乾燥機に入れちゃったことがありました。代わりに洗濯してあげたいところだけど、本人は全く気にしてないんですよね。

ほんとにすみません

妹　なんというかモノの丈夫さを信じているところはありますね。

宮本　あとは…周りに気を使って、メイク中もよく動いちゃうことかな。誰かが何かを探してると「ここにあるよ！」って動いちゃう。だから、年に何回か疲れてメイク中に眠ってしまうと、とてもメイクがしやすいですね

ほんとにすみません

（笑）。

梅山　悔しいくらい、いい話ばっかり（笑）。私も頑張って長生きして、50代、60代の松岡茉優を見届けなくちゃ。

T　20年後にも、松岡茉優40周年記念の本をつくりたいですね。

宮本　それ、いいですね！みんなで長生きしましょう！

（全員拍手）

私も拍手!!!
みんな
本当にありがとう。
（松）

★座談会中に出てきた宮本さんが撮りためた写真は、p.193～の「松岡茉優への質問A to Z」で見ることができます。

松岡茉優への質問A to Z

松岡をよく知るクリエーターや共演者、スタッフ、友人26名から質問をいただきました。その一つ一つに原稿でお答えします。

敬称略／質問到着順　写真　宮本愛　写真コメント　松岡茉優

A

水田伸生（演出家・映画監督）

「人間の美徳」を表現するには「美しく生きる」必要があると考えます、松岡茉優さんの「美しく生きる」とは？

㊕『初恋の悪魔』のクランクアップのとき、最後にアップしたのが私だったので、みんなから頼まれて、4人（林遣都さん、仲野太賀さん、柄本佑さん、私）がそれぞれどんな俳優になってほしいか、を代表して水田さんにお尋ねしましたね。

私には「人間の持つ美徳を表現できる俳優になっていってほしい」と言ってくださいました。あれからずっと考えています。まだ考え途中、というか、この先も考え続けることだと思うのですが、現時点での私の答えは、「赦《ゆる》す」ことです。完璧ではない自分を赦す。完璧ではない他人を赦す。人にはそれぞれ凸凹《でこぼこ》があって、普段はすべすべと仲良くしていたり、自分にはない膨らみを尊敬していたり、さまざまだからこそ、どうしても理解できない、納得できな

27時間テレビ、行ってきます！

TAMA映画賞にて

い、ぼこぼこがあるかもしれない。それは自分も一緒なのだから、自分も、他人も、赦すこと。今の私の『美しく生きる』です。

B
坂元裕二（脚本家）
アイメイクは何使ってますか。嘘です。人としてまったく理解できなかったり、許せない言動をする役がきました。どこから手を付けますか。

(松)
アイメイクは目尻の下側にぼかしラインを入れることがこだわりです。本当です。
なんでそういう言動をするのか、理由や出発点を見つけることはすると思うけれど、どこから手を付けるか、というと、好きなものを探してあげると思います。その子が、好きなもの。あんみつでもくまモンでもいいのだけど、その子の心がポジティブに動くものを探したら、人間として捉えられるかなって。

C
名久井直子（装丁家・デザイナー）
最近、目で見たもので、美しかったものを教えてください。また、手に入れた美しいものも教えてくださいませんか。
あわよくば、その美しいものをわたしも見てみたいからです。

(松)
早朝の、開店前から並ばないといけないスイーツを、お孫さんのために、電車を乗り継いで買いに行ってあげたお友達がいて。そのスイーツをお孫さんに渡したときの動画を見せてもらいました。
こんな顔されたら、並んじゃいますねぇ、と顔をあげたら、
「また食べたい？」とお孫さんに優しく尋ねられ、お孫さんは「んふふ」と笑っていて。わぁ、まだ、この世界にあったのか。と目頭が潤《うる》む美しさでした。

D
梅友達のふーちゃん
まゆちゃんの好きな納豆はどんなタイプですか？　小粒、中粒、大粒？　お気に入り

夏ロケは暑い

日本アカデミー賞、出番前

の納豆アレンジやこだわりの食べ方はありますか？

㊕ ううー。全部好きだからなぁ。小粒は万能。中粒はご飯にぴったり。大粒は食べ応えがあるし、ひきわりの香りも好き。選べないけど、今冷蔵庫にあるのはひきわり。笑 私はよくサラダにするの。きゅうりとトマトを細かく切って、カニカマか、ハム、魚肉ソーセージでもなんでも、そのときあるものを細かく切って、納豆と混ぜる。スプーンで食べるサラダだよ。ていうか、ふーちゃんのごはん、食べたいなぁ（よだれ）

E

梅友達のあっちゃん

これからの梅仕事で、やりたいことと、最近ヒットな美味しいもん教えてください。ちなみに、私は、キャロットケーキを焼いています。

㊕ あっちゃんもやりたいって言ってた、茶梅！ 台湾のお茶の先生が、お茶うけとしてもってきてくれたやつが美味しくて。案外ざっくりのやり方でいいみたいだから、挑戦しやすそうよね。梅仕事楽しみだね。最近ヒットの美味しいもんは、干しいもだね。前から大好きだけど、切りっぱなしっていうのかな、干しいも製品を作るときに出る、はじっこの部分が袋売りされてて、買ってみたら歯応えがすごいのよ。硬いものが好きだから、正規品として売ってるやつよりも好きなくらいだった。

F

赤松絵利（ヘアメイク）

よく現場に、体にいいお茶やお弁当を作って持ってきたりしていますが、忙しいはずなのに一体どういう使い方をすればできるのでしょうか？

㊕ おサボり&先行投資でしょうか。工程を飛ばせる調理グッズは片っ端から試します。最近はレンチンで美味しくパスタができるタッパーを買いました。

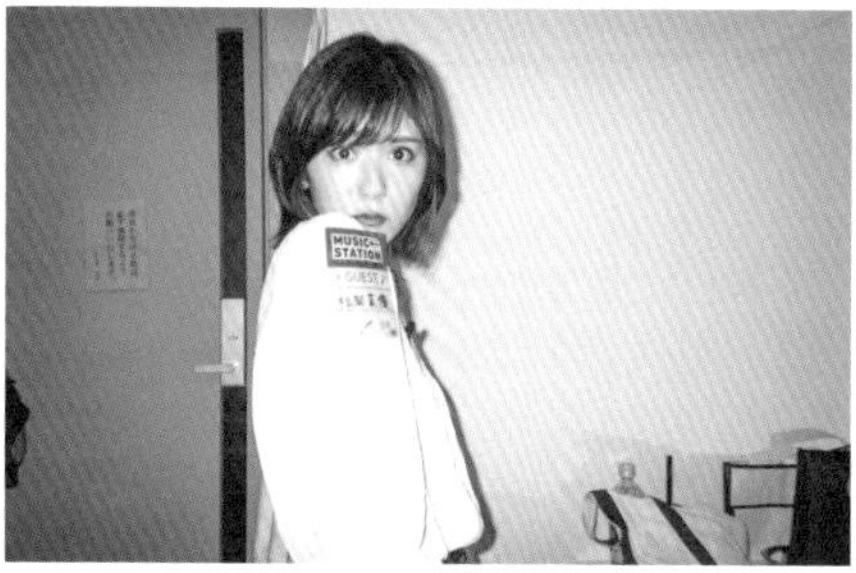

Mステさんへ

さむい日

あとは翌日の自分のために、朝やることを減らすようにしています。朝が弱いから、夜のうちに「これだけやってくれればいいから」というギリギリまで準備します。とはいえ、本当に忙しいときは何もしません！　掃除も家事も何にもしません！

G

山寺宏一（声優）

おはガール時代、自分の将来をどのように想い描いてましたか？　俳優としての現在の活躍を予想していましたか？　また、今の茉優から、おはガール時代の自分へ言いたいことがあれば教えてください。

おはガール時代の茉優は明るく元気で頼りになる存在でした。僕はその才能を見抜いていたつもりですが、こんな凄い俳優になるとは予想できませんでした。今思えば、本人はしっかり目標を定めてひたむきに頑張っていたのかなぁと。

(松) あのときは、目の前のことに一生懸命で、将来のことまで考えていたかな？　と思います。商品名、噛まずにちゃんと読まないと！　とか、今日の髪型かわいいかな？　とか、また失敗しちゃった…とか。俳優さんになるんだということは、そんなに考えていなかったかもしれないです。忘れられないのは、おはガールみんなにやってくれた、天気読みのレッスン。生放送後のお疲れのなか、たくさんのことを教えてくれました。お金では買えないノウハウです。私は今も、ナレーションのお仕事をいただくとき、やまちゃんの教えてくれた方法を実践しています。芸能界のお父さん、長生きしてね。大好き。

（あ、おはガール時代の自分に言いたいこと、うーん、そのまま頑張ればいいけど、横柄な心持ちが自分の中から出てきたら、それは即刻叩き消すのだよ。かな）

H

シム・ウンギョン（俳優）

生まれ変わったら、次はどんな職業に就《っ》くと思いますか？

カンヌにて

サクラさん♡

松　そうですね…。今回の人生では物理的に無理なことをしたいですね。と、思ったけれど、物理的に無理なことって、そんなにないのかもしれないですね。固定概念を避けたり、思い込みを淘汰したり、努力を注ぐ勇気があれば、無理なことって、そんなにないのかも。シムさんの「生まれ変わったら」は、また今度喫茶店で教えてくださいね。

I

柴山（マネージャー／ヒラタオフィス）

漫画が大好きで、空き時間の楽屋で集中して漫画を読んでいる姿が、単なる趣味を通り越した、何かスイッチの切り替えのような、仕事をする上でも重要な存在なのだろうと感じてました。
そんな漫画を愛する松岡さんが考えるオリジナルのバトル少年漫画のタイトル、主人公の名前とその決め台詞を教えてください！

松　そうね、私にとって、本を読んでいるときが一番頭を空っぽにできているときなの。特に漫画は絵があるから、読むだけだから。特にお柴が現場に付いてくれていた時期は、漫画を読むことは酸素を入れるみたいなものだったかもしれない。読まないと頭がいっぱいになっちゃう、みたいな。今もいっぱいいっぱいになると、漫画読みます。そんなふうに見ていてくれたんだね、うれしいな。

J

竹村武司（放送作家）

大きく見せようとしたり、攻撃から身を守るために、いろんな鎧《よろい》や兜《かぶと》を身につけてきたと思います。松岡さんをふるいにかけたら、最後に何が残りますか？

松　怯《おび》えたカビだね。ソファに寄生しやすいよ。

K

中西樹里（ヘアメイク）

料理のことから健康のこといろいろなことをたくさん知ってらっしゃる多才な松岡さん!!

かいりとみゆとトランジット

舞台挨拶お支度中…

なってみたい職業、憧《あこが》れの職業はありますか?!

㊘ それこそヘアメイクさんにも憧れてます。メイクをしてもらった人が、表に出る勇気をくれる、魔法だと思うから。仕事柄、いただいた役の職業ごとに、指導の先生としてその道の方に出会えることも多いので、プロたちのお話を聞いたり、お仕事ならではのルーティンをお聞きすることが大好きです。メイクさんの役をいただく機会に恵まれたら、先生お願いします!

L

百田夏菜子(歌手/ももいろクローバーZ)

まゆと過ごした高校時代、いろんな楽しい思い出がありますが、もう一度高校生に戻るとしたら何をしたいですか?

㊘ 大人になって、友達と毎日会えていたあの時間って、なんて尊いものだったんだろうって思う。夏菜子はとても忙しくて、それこそ戻ったらやりたいこと、たくさんあるんじゃないかな? 夏菜子みたいに学生時代から忙しくしていた人に、「仕事の前、すこし時間ある? ちょっとお茶しようよ」って、なんだか悪い気がして誘えなかったから、戻るとしたら、図々しく時間をもらいたい。そしてあの時しかできないおしゃべりがしたいかな。

でもこの前ね、道歩いてたら、数人の女の子が、すごく楽しそうに歩いていて。私、こんなに大人数できゃいきゃいと歩いたの、もう何年前だ? って思ったんだけど、そういえば、結婚式のおめでとうムービーを撮った時の帰り道って、こんな感じだったなって。毎日会えるわけじゃないけれど、私たちはいつでもあの時に戻れるんだなって思って、あたたかくなったの。また今度、きゃいきゃいとみんなで歩こうね♡

M

吉田大八(映画監督)

これから5年以内に自分の身に起こる可能性がある、仕事に関係ない良い出来事をひとつ予想してください。

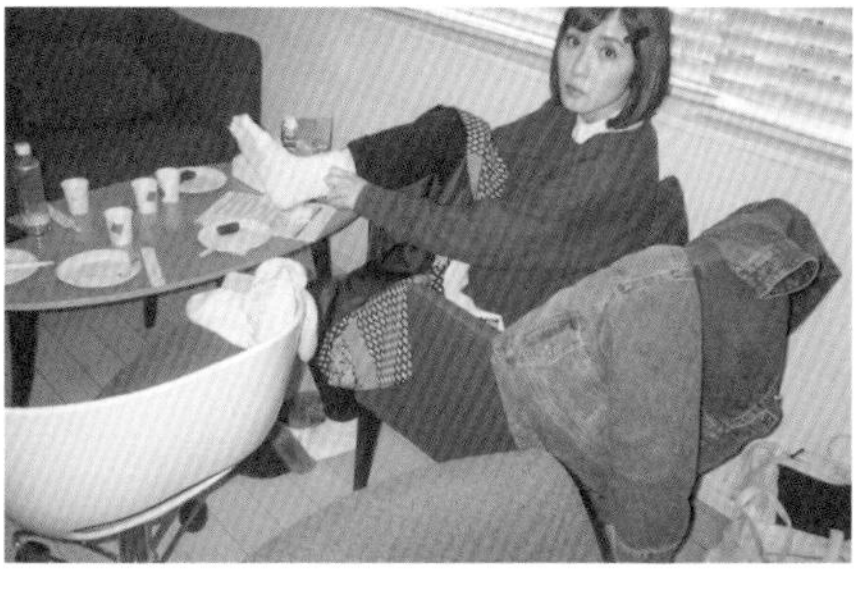

準備中…

できてねえウインク

㊡ 仕事に関係のない、というのが難問です。私にとって、いかに軸や未来が仕事なのかと思い知らされる。難しい質問だけど、嬉しいです。私が答えづらいことを想像して質問してくださったのかなって。最近出会った整体師さんが、「朝、起きた時は1日で1番気持ち良い時間なんだよ。そういう体にしてあげるよ」と言ってくださって。それが楽しみですね。5年以内に、「朝だー！」となれる自分になっているかも。

N

日高里菜（声優）

松岡の作るご飯が大好きです！　いつも美味しい手料理を振る舞ってくれてありがとう！　最近「これは美味しく作れたぞ！」というものはありますか？　そして、それを今度ぜひ食べさせてください！

㊡ 里菜はほんと、美味しい！って食べてくれるから、いつも安心するの、よかったー…って。ありがとうね。この前、思いついて、グラタンを作ってみたの。そんなに作ってこなかった料理なのだけど、せっかくだからホワイトソースを別で作る、面倒なやり方で。そしたら、やたら美味しくてさー。普段はいっぺんに作れちゃうやり方でやるけれど、できそうなときは手順を踏むやり方で作りたいなと思ったよ。しかし里菜は頑張っちゃう子なので、たまにはお茶漬けをささっと食べたり、今日は素麺だけですがなにか！　みたいな日を作ってちょうだいね。

O

中野明海（ヘアメイク）

ミステリアスなJK、天才ピアニスト、反社の女、謎めく多重人格者、気ままな出戻り姐《ねえ》さんなどと、多彩な演技でいつも楽しませていただいてますが、やってみたい役柄とかってありますか？

㊡ いつも作品を見ていただいて、心のこもった感想を、ありがとうございます。俯瞰《ふかん》で

大緊張中

にらんでる？

ありながら、登場人物たちに心を寄せてくださるたびに、あたたかく、励まされます。やってみたいと思う役って、実はそんなに思いつかなくて。脚本家さんのつくられる役は想像を超えてくるから、台本を読んだときに、ブワワーっとやりたい気持ちが湧き上がるんです。だからか、他の人が演じているのをみて、私がやりたかった！というのもあまりないんです。明海さんはきっと、良くなかった私を褒めることはないと思うから、これからも役に誠実に向き合って、役を愛してもらいたいです。

P　金原毬子（担当編集／扶桑社）

松岡さんのエッセイは、松岡さんの取り繕わない、心の真ん中を見せていただけているような気がして、受け取るたびに胸が熱くなります。実際、どのような思いで原稿に取り組まれましたか。また執筆したことで新たな気づきや心境の変化があればお教えください。

（松）　原稿をお送りして、その感想をいただいて、そこからお直しをして。なんだか文通みたいですよね。私と、金原さんと、校閲さんで、私が書いた拙《つたな》い文を、どうしていくか、とやりとりさせてもらえていることが有難く、愛情を持って接してくださっていることが毎回伝わっています。子供のころから何かを書くのは好きだったし、習慣であり、救済でした。だから、今回エッセイを連載させてもらったことで初めて知った感情は、お直しのやりとりのことかもしれません。エッセイにも書かせていただいたけれど、相性というのも大きいと思うのです。内容に納得ができても、「なんか嫌な言い方だなぁ」とか、「そんなに言わなくても」とか、親しい仲でも起こりうる軋轢《あつれき》はあるじゃないですか。初めて出す本の担当さんが、金原さんで本当に良かったです。ご縁に感謝します。

Q　田中陽子（扶桑社）

失恋したときの回復方法を教えてください。

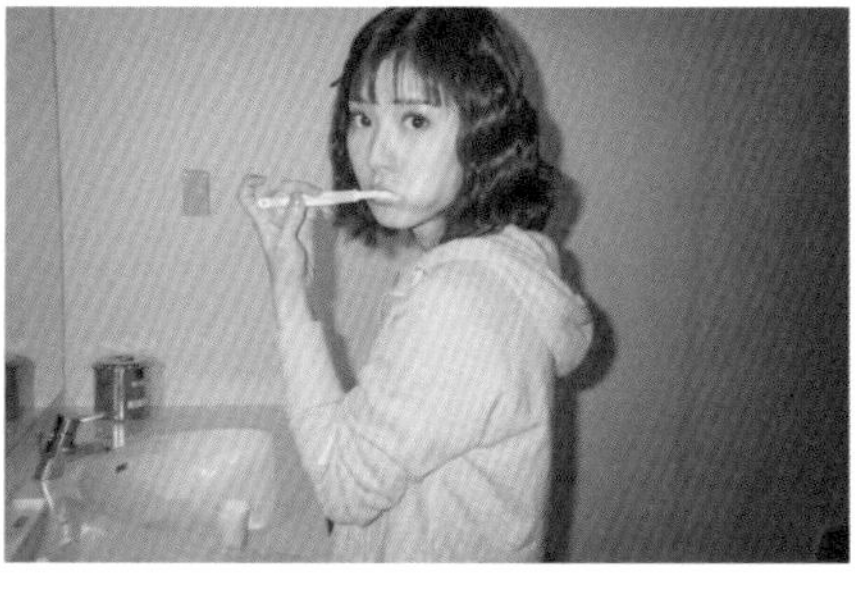

はみがき

顔険しいけど、うどん♡

松　あります。ありますとも。失恋って、鎖骨《さこつ》から丹田《たんでん》のあたりにかけて、皮が5枚くらい、ベロリと剝《む》かれたような、そんな痛みがしますよね。昨日のことのように思い出せます。失恋って、振ったほうと振られたほう、別にどっちが偉いとか、上とか下とかじゃないのに、振られたほうは恥ずかしくて、友達にも話せなかったりするんですよね。私も確か、友達に話すのに時間がかかったなぁ。でも、やはり誰かに聞いてもらうと回復すると思います。当人を批判せず、相手をあまりにひどく言ったりせず、そうかそうか、と、聞いてくれる誰かに。そういう人が思い当たらなかったら、ネットの中でのお友達でもいいし。それも無理そうだったら、もう、書いたらいいと思う。どうやって出会って、どんなところに惹かれて、どんな未来を望んでいたのか。大切ならば、その思い出を手放す必要はないと思うから、具体的に書いたらいい。きっと、数年後に読んだら、笑えると思う。とにかくたちが悪いのは、「嫌いになったわけじゃないから、友達として会ったりしようね」みたいなこと言ってくる相手。それは、しばらくは無理だと思う。時間を空けないと、昨日まで頭に触れられた人が隣にいて、すぐ友達なんて、無理。そういう相手の場合は、連絡先も何もかもブロックする勇気を持ってほしいと思います。大丈夫、きっと幸せになれるから。とお伝えしたいです。

R

吉田羊（俳優）

ご自宅にお邪魔した時、健康にも地球にも優しいお弁当を用意してくださっていたのが印象的でした。食ひとつとっても、丁寧に生きておられるなぁと。食に関するこだわりがあれば聞かせてください。ご飯は何が好き？　朝は何を食べる？　得意料理は？　お母さんのご飯は何が好き？　地球最後の日は何を食べる？　食べるか寝るかならどっち？

松　羊さん。うれしいなぁ。一つ一つお答えさ

是枝さんと！

記録用写真はいつも本気

せていただきます。ご飯は麺類が好きです。仕事の日の朝はわりとしっかり食べたくて、おにぎりとかパンとか。こだわりは血糖値の急上昇を抑えるために、最初に酵素ドリンクとか、ハチミツとか、ナッツとか、体にジャブを打つことです。得意料理はキャベツの塩胡椒のパスタです。お母さんのご飯で好きなのはちらしずしとカボチャもちと焼きうどんとキャベツの塩胡椒のパスタです。地球最後の日には梅干しのおかゆを食べます。食べるか寝るなら……寝ます！

S **北村匠海（俳優）**
松岡茉優にとって演じるとはなんですか？

㊘ 格好つけて聞こえるかもしれないけど、祈りに近いと思います。この役の叫びを私が理解できていて、代弁できていることを祈る。この作品が誰かに届き、明日を生きる光になることを祈る。関わった人たちが、幸せであることを祈る。もちろんあなたも。北村が心地よく仕事ができていて、何かをその手のひらで摑《つか》んだ感覚があることを、祈ってる。

T **三谷幸喜（脚本家・演出家）**
松岡さんはいつもとても丁寧な敬語をお使いになりますが、敬語についての質問です。「とんでもございません」という敬語はないと聞いたのですが、それは本当ですか？

㊘ 丁寧な敬語だなんてとんでもございません。元はというと、芸能界で認識してもらうためのキャラクターのようなものに、もがいてもがいて、今の話し方がどうやら自分が生きやすいような気がしているだけなのだと思います。自分ではそんなつもりは本当にないのに、どうやら私は言い方がキツくなってしまうことがあるようなのです。敬語ならば、少しでもそれが起きにくくなるのではと思ったのがきっかけです。ちなみに、とんでもございません、ではなく、とんでもないことです。または、とん

東京スポーツ映画大賞にてリリーさんと

浴衣でENGEIグランドスラム！

でもないことでございます、が敬語としては正しいようです。

U 是枝裕和（映画監督）

最初に「女優になりたい」と思った瞬間はいつで、どんな時ですか？（誰かのお芝居を観たの？）

㊙ 是枝さんだから言うみたいに聞こえたくないのですが…『万引き家族』のときです。それまでは、自分のことを俳優と言いたかったし、言っていました。でも、『万引き家族』で、樹木希林さんと、安藤サクラさんと、2カ月を共にさせてもらって、肉体というものを感じたんです。女優さんが醸《かも》す、肉体を伴ったお芝居を感じました。体、髪の毛、声色に宿るもの。それは作品を豊かにし、身近にする。私はそのとき23歳で、体の全てが若かったけれど、この先変わっていく全てを受け入れて、女優さんになりたいと思いました。

V リリー・フランキー（俳優・文筆家）

茉優さんの弱点はなんですか？

㊙ めちゃめちゃあるんですけど、今浮かんだのは急な予定変更です。自分が思っているよりも、先の予定を組み立てて生きているみたいで、数時間後から、10日くらいまでのスケジュールが変わったり、できなくなったりすると、実はかなり堪《こた》えます。

W 蓮見翔（ダウ90000主宰／脚本家）

自分のモノマネをする人が現れたとして、おきまりのフレーズにされたら恥ずかしい言葉や行動はありますか？

松岡さん自身が自分を俯瞰で見るときの視点にすごく興味があります。まだ自分でしか気づいていない自分のくせがあったら教えてほしいです。また、自分を俯瞰で見ることの加減をどれくらいのバランスにしているかもすごく気になります。

㊙ よくよく考えてみたのですが、こと俳優に

夢のよう♡　© 本郷あきよし・東映アニメーション

南海さんと OHA

とって、モノマネをしていただくというのはちょっとリスクのあることなのだなと思いました。芸人さんやアーティストさんだとまた違うかもしれないけれど、さまざまな役になっていく必要のある俳優にとっては、「こういう人」というイメージがつくと、作品を見ていただく上での壁になりかねないと。

ただ、私のモノマネをしてくださる、河邑《かわむら》ミクさんという方がいらっしゃるのですが、心から感謝をしています。モノマネというのはそもそも、笑っていただく相手がその人を知っていないと笑うことは難しく、「ご存じですよね」から始まると思うんです。芸能界という大海原を渡る上で、私をチョイスしてくださったことがとても有難いし、うれしかったです。河邑さんのためにも、もっと認知していただかなくては、とすら思います。そういう意味では二人三脚の側面もあるのかもしれません。ボリュームですかね。多少の誇張ならば、お芝居で超えてゆけばよかろうと勇ましく思いますが、世間のキッズが真似するような流行りとなり、むしろご本人よりモノマネが一人歩きするようになると、俳優はやはり困るのでは。特徴少なな私には起こり得ないことですが。

されたら恥ずかしいモノマネは、言えません。自分でもわかっている、自分の薄汚いところです。ここでは言えません。

X　**酒井夢月（ヘアメイク）**

これから社会人になる方に向けて、仕事をしていく際に大切なこと、これだけはやってはいけないことって何ですか？

㊕　人を信じて裏切られたと感じることも、前のめりになって周りが見えなくなることも、経験だと思うようになって。忘れたくないなと思うのは、仁義を切ることかな。

Y　**伊藤沙莉（俳優）**

私たちは何気に旅行に行ったことがありませんですけど、茉優が私との旅行のプラン

蜜蜂と遠雷、舞台挨拶にて

番宣で大好きなお二人に会えた！

を立てるとしたらどんなものになりますか？　それをそのままやりたいです！

㊖何気にね。そのままやりたいと言ってくれるならば、現実味のあるものがいいかなぁ。でもせっかくだし、海外のプランにしてみる？　まずはね、芸術の都パリにいこう。歩いてるだけでハッピー！　買い物もめっちゃしちゃうよ！　でもきっと私たちは子供にしか見えないから貴重品の管理だけ気をつけようね。2泊くらいしたら、オランダへ移動します。飛行機で1時間半くらいらしいんだけど、ここは列車移動でどうでしょう？　3時間半くらいかかるけど、車窓を眺めながらおしゃべりしたいよね。買い込んだコーヒーとかパンを食べようよ。オランダに着いたらそのまま寝て、次の日は観光しよう。沙莉はオランダの街並みが大好きだと思うよ。マルシェに行って、タイヤみたいなチーズを切ってもらって、その場で食べたり、お母ちゃんたちにお土産に買っていこう。小物とか布製品とか、なんでも可愛いから行きのトランクは半分空けておかないとってレベルだよ。帰り、入らないよ。そんなこんなで1週間の休みがあれば行けます！　沙莉が日本の朝を元気にするお勤めが終わったら、記念旅行に行こう。もはやスケジュールを押さえていいかい？

Z

仲野太賀（俳優）

近年で、一番笑った出来事はなんですか？

㊖映画『RRR』の上映後、秒で劇場が明るくなったとき。こんな気持ちのまま、現実世界に放り投げられるの？　もう少し緩やかなスロープをくれよ、と本編と同じくらい笑ってしまったよ。

豊かなオランダ

風が強すぎたオランダ

おわりに

俳優という仕事をしていて「名刺があれば」という場面は、案外多くあるように思う。テレビや映画を観ない方にとっては、なんじゃそりゃ？な存在であるし、芸能人に名刺はなくて当たり前、というのは、暴論ではないか。

アーティストなら新曲ＣＤを、アイドルなら新作写真集を、感謝の気持ちを込めて、お世話になっている方へお渡ししているところを目にするたび、羨ましく思っていた。

ついに、そんな相棒ができたのだ。

この本を手に取ってくれたあなたへ。私はこういうものです。

松岡茉優

松岡茉優（まつおか・まゆ）

1995年2月16日生まれ、東京都出身。2008年『おはスタ』（テレビ東京系）で番組アシスタントのおはガールとして本格デビュー後、NHK連続テレビ小説『あまちゃん』(13年)などで注目を集める。19年の日本アカデミー賞では『勝手にふるえてろ』で優秀主演女優賞、『万引き家族』で優秀助演女優賞を受賞。20年には『蜜蜂と遠雷』で、22年には『騙し絵の牙』で優秀主演女優賞を獲得。近作にWOWOW連続ドラマW『フェンス』、テレビドラマ『最高の教師 1年後、私は生徒に■された』（日本テレビ系）、『ゆりあ先生の赤い糸』（テレビ朝日系）、映画『愛にイナズマ』ほか。

Photographers

仲野太賀（カバー、表紙、p.9-40、p.41-46）
岩澤高雄（p.47-78）
林紘輝（p.101-114）
尾身沙紀（p.115-140）

Hair & Makeup

宮本愛（松岡茉優）
立身恵（三谷幸喜）

Styling

池田未来（松岡茉優 p.9-40、101-114）
梅山弘子（松岡茉優 p.47-78、p.115-140）
中川原寛（三谷幸喜）

Shooting Locations

アンセーニュダングル 原宿店　いせや公園店
井の頭恩賜公園　小田急バス　神代植物公園　深大寺
ユザワヤ キラリナ京王吉祥寺店

Fashion Credits

カバー、表紙、p.9-31：デニムジャケット、Tシャツ／ともにリノ(ネイビー・ノート navy-note.com) ワンピース／ヴェリテクール（ヴェリテクール☎092-753-7559) シューズ／ワイエムウォルツ(マービン&ソンズ☎03-6276-9433) そのほか／スタイリスト私物 p.32-40：タンクトップ／リノ(ネイビー・ノート) ショーツ／ネストローブ（ネストローブ 表参道店☎03-6438-0717） p.47-78：ワンピース／アキラナカ(ハルミショールーム☎03-6433-5395) サンダル／クリスチャン ルブタン(クリスチャン ルブタン ジャパン☎03-6804-2855) p.101-114：トップ／イッセイ ミヤケ(イッセイ ミヤケ☎03-5454- 1705) p.115,139,140：Tシャツ、p115,120-127,137-140：デニムパンツ、p.116-117：スカート、p.118-119：コート、p.120-127：デニムジャケット、タンクトップ／すべてハイク（ボウルズ☎03-3719-1239） p.116 -117：ジャケット／プルーン ゴールドシュミット(メゾン・ディセット☎03-3470-2100)　p.128-131：チュールドレス、手に持ったチュールキャミソール／チカ キサダ（エドストローム オフィス☎03-6427-5901） p.132-135：グリーンドレス、p.137-139：ピンクヘッドピース／ともにヴィヴィアーノ(ヴィヴィアーノ☎03-3475-5725)

初出
・私のオーディション－『Numéro TOKYO』2023年4月号
・あぁ、思い込み　手紙で伝える　あなたへ
　－『Numero.jp』連載
・そのほかは書き下ろし。

ブックデザイン　名久井直子
構成・文　中村玲子（p.47-78）
橋本倫史（p.101-114）
浦本真梨子（p.152-182）
松田美保（p.185-192）
イラスト　naotte（p.141-151）
絵文字　Apple Color Emoji.ttc

DTP　生田敦
企画協力　竹村武司
編集　金原毬子（Numéro TOKYO編集部）
Special Thanks　櫻井良樹　工藤幸雄

ほんまつ
発行日　2023年11月17日　初版第1刷発行
2023年12月10日　第2刷発行

著者　松岡茉優
発行者　小池英彦
発行所　株式会社 扶桑社
〒105-8070
東京都港区芝浦1-1-1　浜松町ビルディング
電話　03-6368-8890（編集）
03-6368-8891（郵便室）
www.fusosha.co.jp
印刷・製本　図書印刷株式会社

ISBN978-4-594-09392-1